NINO CARVALHO

MAIS MARKETING, MENOS GURU

Seu guia de sobrevivência em um mercado
repleto de falácias e superficialidades

NINO CARVALHO

MAIS MARKETING, MENOS GURU

Seu guia de sobrevivência em um mercado
repleto de falácias e superficialidades

www.dvseditora.com.br
São Paulo, 2024

MAIS MARKETING, MENOS GURU

DVS Editora Ltda 2024
Todos os direitos para a língua portuguesa reservados pela Editora.

Nenhuma parte deste livro poderá ser reproduzida, armazenada em sistema de recuperação, ou transmitida por qualquer meio, seja na forma eletrônica, mecânica, fotocopiada, gravada ou qualquer outra, sem a autorização por escrito dos autores e da Editora.

Coordenadoria Editorial: Índice
Edição e Preparação de Textos: Lidyane Lima
Revisão de Textos: Lidyane Lima, Camila Oliveira e Hellen Suzuki
Revisão Técnica: Marcus Hemais, Karla Menezes e Heloisa Paula
Leitura Final: Renan Silvestre
Design de Capa: Rafael Brum
Projeto Gráfico e Diagramação: Bruno Ortega

```
           Dados Internacionais de Catalogação na Publicação (CIP)
                    (Câmara Brasileira do Livro, SP, Brasil)

    Carvalho, Nino
       Mais marketing, menos guru : seu guia de
    sobrevivência em um mercado repleto de falácias e
    superficialidades / Nino Carvalho. -- 1. ed. --
    São Paulo : DVS Editora, 2024.

       ISBN 978-65-5695-126-3

       1. Administração de empresa 2. Comércio -
    História 3. Marketing 4. Marketing digital
    5. Planejamento estratégico 6. Publicidade
    I. Título.

    24-211701                                          CDD-658.8

                   Índices para catálogo sistemático:

         1. Marketing : Administração     658.8

         Aline Graziele Benitez - Bibliotecária - CRB-1/3129
```

Nota: Muito cuidado e técnica foram empregados na edição deste livro. No entanto, não estamos livres de pequenos erros de digitação, problemas na impressão ou de uma dúvida conceitual.

SUMÁRIO

DEDICATÓRIA 9

AGRADECIMENTOS 10

SOBRE O AUTOR 11

REVISORES TÉCNICOS 15

PREFÁCIO 17

APRESENTAÇÃO 19

INTRODUÇÃO 25

CAPÍTULO 1
GUERRA DOS MUNDOS: ACADEMIA X PRÁTICA 29

CAPÍTULO 2
O PROBLEMA DOS GURUS NO MARKETING 35

CAPÍTULO 3
O DESCASO PELA HISTÓRIA DO MARKETING 43

CAPÍTULO 4
NÃO, O MARKETING NÃO NASCEU COM KOTLER! 53

CAPÍTULO 5
MARKETING COM O SIGNIFICADO DE MARKETING
(ASSIM COMO ENTENDEMOS HOJE) 59

CAPÍTULO 6
MARKETING COMO SINÔNIMO
DE PUBLICIDADE OU VENDAS 65

CAPÍTULO 7
POETA, ESCRITOR E... MARQUETEIRO 71

O homem nasce livre, mas por toda parte encontra-se acorrentado.

Jean-Jacques Rousseau

DEDICATÓRIA

À minha esposa, Lillian Moura, a Lilli.

Aos meus filhos, José Frederico e Henrique.

À minha mãe, ao meu pai e aos meus irmãos.

Aos meus alunos.

Aos meus maravilhosos parceiros, Renan Silvestre, Lidyane Lima e André Gildin.

Aos apaixonados por Marketing.

E aos que lutam pelo verdadeiro Marketing.

AGRADECIMENTOS

Os primeiros agradecimentos vão a todos que, de maneira mais ou menos intensa, me ajudaram diretamente na obra, dentre os quais destaco os revisores técnicos, Marcus Wilcox Hemais e Karla Menezes, que contribuíram amplamente com sua experiência técnico-científica em Marketing, e Heloisa Paula, que reviu especificamente questões ligadas a inclusão e diversidade. Obrigado ao autor do Prefácio, professor Luiz Moutinho, além de um agradecimento especial ao professor Marcos Cobra, que, gentilmente, escreveu sua autobiografia para o livro.

Muito obrigado pelos depoimentos de Sandra Turchi, Thiago Muniz e Bruna Infurna – todos profissionais com trajetórias internacionais inspiradoras no Marketing.

Agradeço muitíssimo aos meus alunos, particularmente os que fizeram meus cursos no Marketing Elevation. Obrigado também aos alunos do IPAM, IPOG, Karel de Grote, Kozminski University, meus ex-alunos da Fundação Getulio Vargas, da Facha/IGEC, bem como todos os que estudaram comigo nas diversas instituições pelas quais passei ao longo da carreira docente.

Obrigado aos que me inspiraram e aos que me deram força nesta obra – Lillian Moura, Silvio Menezes, Paulo Feliz, Karla Passeri, Mariana Ferraz de Toledo, José Fernando Monteiro, Eric Shaw, Alexandre Faria, Delania Malveira, Rafaela Cortes, André Miceli e Maurício Faganelo.

Especial gratidão aos meus colegas de trabalho no Marketing Elevation: Bianca Licassali, Vitória Nieto, Carol Piva, Elon Ibapina, Lázaro Ferreira e Renan Silvestre.

Finalizo com minha mais profunda gratidão à DVS Editora, pela importante contribuição ao mercado de Marketing no Brasil e em Portugal, e à Lidyane Lima, pela consultoria editorial sempre impecável. Obrigado a ambos por, novamente, acreditarem em mais um de meus empreendimentos literários.

SOBRE O AUTOR

Nino Carvalho é formado em Comunicação Social, com pós-graduação em Strategic Marketing pelo Chartered Institute of Marketing (CIM), no Reino Unido, e mestrado em Administração pelo IBMEC, no Brasil. Cursou disciplinas em dois programas de doutoramento em Portugal: Mídias Digitais (na Universidade do Porto) e Marketing Strategy (na Universidade do Minho). É o único brasileiro Fellow CIM (FCIM), a mais alta chancela de Marketing reconhecida pelos países-membros da União Europeia.

Em 2023 lançou, no Brasil e em Portugal, o livro **Metodologia PEMD – Planejamento Estratégico de Marketing na Era Digital**, que rapidamente chegou à lista dos mais vendidos na Amazon, alcançando a 2ª posição do ranking na categoria Web Marketing, 11º em Marketing e em 20º lugar na categoria Gestão Empresarial. A obra já é adotada como referência em currículos de cursos de graduação, MBA e mestrado em diversas universidades brasileiras e portuguesas.

Especialmente a partir da graduação, dedicou-se muito aos estudos. Em particular, sobre Marketing Digital (quando o mercado ainda dava os primeiros passos e começava a amadurecer) e Marketing de Serviços (talvez pela influência do pai e do irmão mais velho, ambos acadêmicos da área, à época). Somente alguns anos depois se aprofundou em temas como Princípios de Marketing, Comportamento do Consumidor, Estratégias de Marketing e Planejamento de Marketing.

Desde seus primeiros estágios, no SporTV e no Cadê?, Nino já percebia o quão valioso era conhecer um pouco de Marketing, ainda que suas atividades à época fossem ligadas à produção e gestão de conteúdo.

Ao longo das duas primeiras décadas de sua carreira (aproximadamente entre 1996 e 2016), o foco de estudos e interesses de Nino Carvalho era basicamente ligado à utilização prática. Ou seja, apesar de seguir fazendo cursos, lecionando e consumindo muitos materiais científicos, o objetivo primário era aprimorar as entregas junto aos clientes de consultoria. Com frequência, buscava respostas aos problemas dos clientes em artigos acadêmicos e aplicava soluções bem embasadas, com muito sucesso.

Em razão dessa vida paralela, com a academia (como professor e estudioso) e o mercado (em suas práticas como consultor) andando sempre de mãos dadas, Nino teve a oportunidade de desenvolver projetos para algumas das principais marcas nacionais e internacionais, tais como:

→ No **Setor Privado**

Toyota, National Football League - NFL (EUA), British American Tobacco - BAT (Souza Cruz), Ericsson Latin America, Ipiranga, DuPont Latin America, Dow Latin America, Embratel, EDP, GS1 Brasil, Grupo Multiplan, Grupo Boticário, Claro, Qualcomm, Johnson & Johnson Latin America, Rutgers Business School (EUA), Aperam South America, IBM, Centrum e Advil (Wyeth), MDS Group, Grupo Ultra, eConsultancy (UK), UOL EdTech, entre tantas outras.

→ No **Setor Público e em outros setores**

Governo Federal de Angola (Anip), Governo do Reino Unido (British Council), Presidência da República, Senado Federal, Embrapa, Finep, FNDE, Superior Tribunal de Justiça, Ministério Público Federal, Procuradoria Geral da República, Tribunal Superior Eleitoral, Exército Brasileiro, Anvisa, Caixa, Banco do Nordeste, Furnas, Ministério da Economia, Instituto Brasileiro de Petróleo, Gás e Biocombustíveis, Comitê Internacional da Cruz Vermelha - América Latina, Banco Interamericano de Desenvolvimento (BID), entre tantas outras.

Para Nino Carvalho, o crédito por suas conquistas se deve ao casamento entre teoria e prática, por se tratar – até hoje – de um diferencial valorizado pelas melhores organizações, clientes, universidades e alunos.

Contudo, conforme sua experiência em Marketing – acadêmica e de mercado – foi amadurecendo, Nino passou cada vez mais a direcionar seus estudos às teorias estruturais da área, além de preferir autores que traziam visões críticas acerca das funções e responsabilidades dos estudiosos e praticantes de Marketing.

Sua paixão pelo Marketing o levou ao passado, onde foi buscar mais acerca das raízes da disciplina e seus conceitos. Perguntas como "De onde veio essa ideia?", "Quem criou isso?", "Em qual contexto desenvolveram esse modelo?" martelavam sua cabeça de forma positivamente inebriante e guiavam suas pesquisas, não raro o levando a passar horas a fio buscando por uma resposta específica.

A História do Marketing revelou ser sua grande paixão, e foi essa temática que tentou levar aos dois programas de doutoramento que cursou, ambos em Portugal, primeiramente na Faculdade de Engenharia da Universidade do Porto (FEUP), depois na Universidade do Minho. Em ambas as ocasiões, sentiu que a temática não recebia muita atenção e, sem interesse por parte de orientadores, não havia caminho a seguir. Ironicamente, alguns dos principais historiadores de Marketing são gigantes intelectuais da disciplina, como Shelby Hunt, Mark Tadajewski, Eric Shaw, V. Kumar e Jagadish Sheth, para citar alguns.

Dado esse cenário, foi uma grande felicidade quando Nino percebeu que tanto os alunos quanto os clientes poderiam se beneficiar desse conhecimento. Quando estudantes, professores e profissionais de Marketing conhecem mais sobre a própria área, quando passam a entender de onde os conceitos e modelos vieram, quando surgiram, quem os criou, por que foram criados, quando se aprofundam mais em tudo aquilo que usam em seu dia a dia, percebem que se tornam mais seguros, mais competentes e eficazes em suas atividades.

Em alguns dos textos e vídeos que partilhava, bem como em suas aulas no Brasil (Marketing Elevation, IPOG), em Portugal (IPAM, Universidade Europeia, Universidade de Coimbra, Universidade Fernando Pessoa) e noutros países (Bélgica, Polônia, Itália, Hungria, entre outros), Nino passou a temperar o conteúdo com visões críticas, abordagens históricas, detalhes sobre alguns mitos e curiosidades.

O ano de 2023 foi muito frutífero e especial para Nino. Além de ter alavancado uma série de programas educacionais no Marketing Elevation, o professor também foi convidado diretamente pelo "pai" do Marketing moderno, Philip Kotler, para atuar como *keynote speaker* no World Marketing Summit (o maior evento de Marketing do mundo), bem como para ser parceiro oficial da Kotler Impact em projetos com iniciativas em Portugal, Espanha e Brasil.

No mesmo ano, como fruto de toda essa trajetória de estudos, pesquisas e experiências no mercado, concretizou um antigo sonho e deu início a mais uma frente em sua carreira, a de autor. Em junho de 2023, lançou seu primeiro livro solo, que rapidamente foi muito bem recebido, tanto em cursos universitários quanto no ambiente empresarial, por executivos, consultores e agências ligadas ao Marketing.

Em 2024, Nino Carvalho entrou na lista de consultores de Marketing da Aristo (uma empresa da Kotler Impact), que inclui nomes como Jagadish Sheth, Marshall Goldsmith, Martha Rogers e David Aaker.

- Programas Educacionais > marketingelevation.org
- Site > ninocarvalho.com
- LinkedIn > /ninocarvalho
- Instagram > /ninocarvalhoconsultoria
- YouTube > /ninocarvalho
- E-mail > contato@ninocarvalho.com

REVISORES TÉCNICOS

Marcus Hemais

Doutor em Administração de Empresas pelo Instituto Coppead de Administração da Universidade Federal do Rio de Janeiro. Possui graduação e mestrado em Administração de Empresas pela Pontifícia Universidade Católica do Rio de Janeiro. Atualmente, é Professor Adjunto do Departamento de Administração da Pontifícia Universidade Católica do Rio de Janeiro. Bolsista PQ2 (CNPq) e Jovem Cientista do Nosso Estado (FAPERJ). Colíder dos temas "Abordagens Críticas e Emancipatórias em Marketing", da Anpad, e "Globalization, Neocolonialism and Marketing", da Macromarketing Conference. Editor Associado da revista *Sociedade, Contabilidade e Gestão*. Pesquisa principalmente os seguintes temas: decolonialismo, pós-colonialismo, consumerismo, reflexões sobre o conceito de base da pirâmide e comportamento de consumidores de baixa renda, tendo publicado artigos em periódicos nacionais e internacionais, incluindo as revistas *Marketing Theory* e *Journal of Marketing*. Recebeu diversos prêmios acadêmicos no Brasil e no exterior.

Karla Menezes

Pesquisadora e especialista em Neurociência do Consumidor, Neuromarketing e Psicologia do Consumidor. Atualmente é diretora da Licenciatura em Marketing da ESCE-IPS e Professora Adjunta do Instituto Politécnico de Setúbal, Portugal, sendo ainda *Reviewer* no Springer Nature Group e *Strategic Partner* da Kotler Impact. Concebeu e coordenou a pós-graduação em Neuromarketing e Neurociência do Consumo, da Faculdade de Economia da Universidade de Coimbra. Mestre em Marketing e Comportamento do Consumidor e estudante de doutorado na FEUC-Universidade de Coimbra. Através do mestrado, tornou-se especialista em Neuromarketing, Neurociência do Consumidor,

Psicologia do Consumidor e Sociologia do Consumidor, áreas em que também promove investigações científicas. É autora do livro *Neuromarketing: Ciência, Comportamento e Mercado* e de artigos científicos e capítulos de livros publicados internacionalmente. Na carreira docente, recebeu diversos prêmios por sua contribuição acadêmica. Karla também partilha sua paixão pelo estudo do comportamento humano, nomeadamente as motivações de decisão ao nível do cérebro, em formações, seminários e conferências, como o e-World Marketing Summit (desde 2021), a convite de Philip Kotler.

REVISORA DE DIVERSIDADE E INCLUSÃO

Heloisa Paula

Sócia da Mezcla Diversidade. Tem graduação e mestrado em Física pela Universidade Estadual de Campinas (Unicamp), mestrado em Engenharia Ambiental pela University of Maryland College Park, especialização em Marketing Digital pela Fundação Getulio Vargas (FGV) e extensão em Compliance, Diversidade e Inclusão pela Pontifícia Universidade Católica do Rio de Janeiro (PUC-Rio). Fundou em 2019 a Mezcla Diversidade, consultoria para apoiar as empresas em suas jornadas de diversidade e inclusão. Tem paixão por conhecer e conectar pessoas.

PREFÁCIO

Nino Carvalho possui um background educacional muito sólido, bem como uma vasta experiência no mundo corporativo (British Council, Toyota, NFL, Dow, Ericsson, BAT, entre outras). Ele também lançou em 2023 o *Metodologia PEMD – Planejamento Estratégico de Marketing na Era Digital*, obra de grande sucesso no Brasil e em Portugal.

Assim, já é possível imaginar que este livro é daqueles de abrir a cabeça. Dê só uma olhada no título: ***MAIS MARKETING, menos guru – Seu guia de sobrevivência em um mercado repleto de falácias e superficialidades.***

A intenção deste livro é revelar fatos, histórias e casos que normalmente não chegam ao domínio público. Há também visões críticas e polêmicas. Nino é apaixonado por Marketing e o conteúdo desta obra claramente reflete isso.

Adicionalmente, ficam nítidos o conhecimento e a fascinação do autor acerca da história e da genealogia do Marketing. Uma narrativa que passeia entre uma crônica e um relatório de pesquisa de arquivos. Um livro sobre os anais da disciplina e repleto de relevantes memórias do Marketing (quem ainda se lembra do Modelo AIDA?!).

O autor é consciente e visa alcançar o devido equilíbrio entre, de um lado, a teoria e a pesquisa acadêmica e, do outro, a prática e a aplicabilidade gerencial do Marketing.

O livro também abre um vívido debate sobre a disciplina de Marketing. O tomo compreende uma coleção de diversas partículas de conhecimento sobre conceitos de Marketing, seus domínios e suas aplicações. A obra ainda explora a evolução da conceituação do passado até as práticas mais atuais.

MAIS MARKETING, menos guru é riquíssimo em referências e contém documentos importantes que são associados aos "clássicos" do tema analisado. Mais além, o estilo de escrita torna a leitura fácil e muito prazerosa.

O conteúdo é vasto: são 30 capítulos que podem ser degustados confortavelmente. Alguns podem ser um tanto controversos e surpreendentes para o leitor, mas Nino Carvalho sempre entrega a sustentação racional necessária.

Em certas partes, Nino demonstra um altíssimo nível de clareza nas explicações, enquanto em outros, aborda tópicos de suma importância para a sociedade em geral, como sustentabilidade e diversidade. E, ainda, uns tantos capítulos cobrem questões que precisam ser debatidas, como responsabilidade e prestação de contas, robótica, inteligência artificial e Value-Based Marketing.

Trata-se de um mundo de memórias autobiográficas e novas descobertas. O livro, como diz o próprio autor, é concebido para aqueles leitores que, também, são apaixonados por Marketing!

> ***Luiz Moutinho****, BA, MA, PhD, MAE e FCIM, é um renomado especialista em temas como Futuro do Marketing e da Gestão, Inteligência Artificial, Biométrica e Teoria da Neurociência e em pesquisas inovadoras sobre o futuro dos negócios. Moutinho é Professor na University of Suffolk (UK), IPAM (PT) e University of South Pacific (Fiji). É também Professor Catedrático há 35 anos, em instituições de países como Escócia, País de Gales, Inglaterra, Irlanda e Estados Unidos. Em 2020, foi nomeado Elected Member of The Academia Europaea e, em 2017, recebeu o grau de Prof. Honoris Causa da University of Tourism and Management Skopje (Macedônia do Norte). Atualmente, é o Global Dean for Innovation da Kotler Business School (EUA). Foi keynote speaker de eventos em 49 países e publicou 39 livros e mais de 160 artigos científicos.*

APRESENTAÇÃO

O livro ***MAIS MARKETING, menos guru – Seu guia de sobrevivência em um mercado repleto de falácias e superficialidades*** nasceu quando, a partir de 2018, passei a incluir debates mais abrangentes, aprofundados e críticos em relação ao Marketing em todos os meus cursos. Com muita frequência, trazia a história de uma teoria (por exemplo, a "genealogia" do Mix de Marketing) ou questionava práticas comuns do mercado (por exemplo, tecia críticas em relação a Personas ou aos diversos funis adotados na área).

Com um crescente feedback positivo, seja de alunos ou de clientes, ao retornar às atividades no período pós-pandemia, comecei a rascunhar o que eventualmente se tornaria a obra que você agora tem em mãos.

Este meu segundo livro tem o **objetivo principal** de ajudar você a se **diferenciar** em seu mercado de atuação e a ser percebido como um sólido profissional, que se destaca do mar de mesmices que assolam o ambiente de negócios, com uma imensidão de pessoas sendo "formadas" pelos dogmas dos gurus.

O objetivo, entendo, é tão nobre quanto desafiador. De forma alguma quero soar pretensioso, mas, honestamente, espero que você se sinta mais confiante conforme seguir pelas páginas e capítulos. Mais ainda: tenho a genuína crença de que o conhecimento deste livro provocará **transformações imediatas e perceptíveis em sua carreira.**

Para dar alguns exemplos, é possível que você perceba que ficará mais exigente e crítico (como estudioso e consumidor de conteúdos), que a qualidade de suas entregas se elevará vários níveis, e até o vocabulário que você usa na empresa ou na sala de aula será ampliado. Acima de tudo, não apenas você, mas seus colegas de trabalho, chefe, clientes, alunos... enfim, os outros também notarão a diferença entre o seu conhecimento e o dos demais profissionais do mercado.

Ao final da leitura, espero que você desenvolva uma visão mais **sistêmica, ampliada e amadurecida** acerca da disciplina de Marketing e do papel vital da área dentro das organizações; bem como sobre a sua própria responsabilidade no papel de profissional, gestor, professor ou dono de um negócio.

Quem vai se beneficiar com o livro?

Para esta obra, busquei uma abordagem que realmente ajudasse a capacitar você com bases sólidas, de maneira que você siga sempre se aprimorando e evoluindo na carreira. Assim, o que você verá aqui é um conteúdo robusto e elaborado sobre diversos aspectos do Marketing, tratando de temas sensíveis, polêmicos, introduzindo nomes de importantes figuras da disciplina, aprofundando e ensinando sobre o passado e sobre a evolução do Marketing até os dias atuais.

Por conta disso, embora acredite que o livro terá um alcance amplo, interessando a públicos de áreas ligadas ao mundo dos negócios em geral (Gestão, Comunicação, Comercial/Vendas, Relações Públicas, Publicidade, Tecnologia, História, Sociologia, entre outros), é no campo do Marketing que os leitores terão benefícios mais imediatos e práticos.

Os que já trabalham na área irão notar um aprofundamento pouco comum à literatura não acadêmica do Marketing. Sentirão que estão indo muito além da superficialidade e enxergando nosso campo sob novos e maravilhosos prismas. Os que começaram a se dedicar aos estudos há pouco tempo terão a oportunidade de já iniciar com o pé direito, tendo acesso a conteúdos que raramente estão disponíveis.

Já os executivos, gestores e empreendedores que não são ligados ao Marketing de forma mais direta também terão a oportunidade de desenvolver importantes diferenciais competitivos – seja para si mesmos ou para suas empresas. Toda e qualquer organização pratica

Marketing, e, ao conhecer questões relevantes e principais marcos da área, você perceberá que a forma como lidera seus projetos, equipes e empresas irá se sofisticar e contribuir com o sucesso de quaisquer de seus esforços empresariais.

Acima de tudo, entretanto, esta obra é destinada a todo os **amantes do Marketing**; àqueles que têm paixão por aprender e conhecer mais da nossa disciplina.

Em adição, para dar segurança a todos os leitores, você perceberá que, para além das muitas referências (o que permitirá que você vá mais fundo e siga se aprimorando), há uma boa carga de achados inéditos, originais de minhas próprias pesquisas – muitas vezes extraídos de documentos centenários ou de clássicos esquecidos da disciplina.

Outro ponto relevante, que será benéfico a todos os leitores, é que concebi o livro de maneira que você se sinta totalmente à vontade para desenvolver sua leitura e estudos da maneira que julgar mais pertinente e agradável.

No decorrer da leitura, perceberá que os capítulos não seguem uma ordem sequencial obrigatória. E não tratam de um único tópico dentro do Marketing. Isso quer dizer que você pode iniciar no primeiro capítulo e seguir o fluxo, ou ficar à vontade para ler um, depois pular três e ler outro, ir ao final, voltar uns capítulos, retornar ao início... enfim, é você que escolhe a trilha que lhe apetece navegar.

Mas, sim, há limitações...

A despeito dos meus melhores esforços e dedicação, sempre checando dados e buscando conteúdos em fontes primárias, além de contar com suporte e contribuições de terceiros em diversos momentos, esta obra possui limitações.

Por óbvio, a primeira limitação de qualquer livro é o número de páginas! Possivelmente, cada um dos assuntos abordados poderia render discussões mais longas, mas, por vezes, preferi deixar você com aquela sensação de "gostinho de quero mais" e, quem sabe, estimular que você faça suas próprias excursões de aprofundamento naqueles temas que lhe são mais atraentes e estimulantes – referências e dicas para continuar sua jornada de descobertas não faltarão no livro.

Após a conclusão desta obra, dada a dinamicidade dos temas e as novas informações ou documentos que podem emergir a qualquer momento, é inevitável haver informações que sejam mais perecíveis, tais como a menção a *cases* atuais ou o uso de dados/estatísticas recentes do mercado.

Para tentar dirimir (ao menos em parte!) as limitações, e também com vistas a proporcionar uma **experiência mais agradável, completa e profunda** em seus estudos, disponibilizei diversos **materiais extras online.**

A ideia de criar um ambiente virtual complementar às páginas de um livro certamente não é original – eu mesmo já usei no livro *Metodologia PEMD*. Entretanto, sendo eu mesmo um leitor ávido, sempre sinto aquele "banho de água fria" quando entro nos recursos online promovidos em tantos livros atualmente. Em geral, vê-se ali dois ou três vídeos do autor (que, não raro, já estão disponíveis a qualquer um no YouTube do fulano), talvez uns slides genéricos que sofreram a última atualização meses antes... enfim, costuma ser uma decepção!

Em respeito a você e ao tema tão caro deste livro, busquei, dedicadamente, formas para superar algumas limitações inerentes a qualquer livro, agregar valor aos seus estudos e oferecer algo que realmente capture sua atenção e estimule ainda mais seu interesse pelo Marketing.

Uma experiência ampliada e aprofundada

Para começar, você terá um *videocast* relacionado a cada um dos capítulos do livro, nos quais, por vezes, eu complemento algum tema com novas informações ou falo um pouco sobre o meu processo para escrever aquele capítulo. Em outras ocasiões, compartilho curiosidades interessantes sobre o assunto focal, personagens da história do Marketing ou do contexto que envolve o tema.

Outra adição muito interessante é a *timeline* com a cronologia de alguns dos mais **importantes marcos da disciplina**. Para além de ser uma vasta lista com dados e fatos relevantes, não seria possível, por exemplo, que você navegasse livremente pela *timeline* em uma versão impressa. Assim, nessa linha do tempo disponível nos materiais online, você poderá compreender melhor o fluxo de eventos e enxergar mais facilmente os contextos nos quais estão inseridos. Além disso, irá desfrutar de uma navegação mais fluida e lúdica pelos momentos-chave de nosso campo, descobrindo curiosidades, mitos e verdades sobre o Marketing.

Para acompanhar a dinamicidade da área de Marketing, sempre muito ligada às inovações tecnológicas, além de assegurar que o livro trará sempre os dados mais atualizados, incluí nos materiais online dezenas de ***reports* e *pesquisas*** recentes de diversos mercados e setores. Adicionalmente, você também terá uma seleta relação complementar de **referências bibliográficas recomendadas**, tais como livros e artigos, para que você possa seguir estudando e se destacando ainda mais.

Outro ponto interessante é que, em cada capítulo, adicionei uma **epígrafe** cuidadosamente selecionada e que remete ao conteúdo que estou a tratar. Assim, também incluí em sua experiência online **minibios sobre os autores** das máximas, além de um episódio no *videocast* contando sobre o meu processo para encontrar e escolher as alternativas mais relevantes e inspiradoras para você.

Finalmente (e acho que você vai adorar essa!), você encontrará alguns **capítulos extras**, que estão disponíveis exclusivamente online.

Esse rol de materiais extras foi concebido para que você aprenda mais sobre nossa disciplina e se apaixone de forma ainda mais envolvente pelo Marketing. E esses são apenas os destaques que separei para você, mas há outros complementos interessantes no espaço online.

Para acessar e começar a ampliar sua experiência, basta **apontar seu dispositivo para o QR Code abaixo para ter acesso livre** a todos os conteúdos.

(Também disponível em: maismarketingmenosguru.com)

Dito isso, o mais importante a se ressalvar é que não tenho qualquer pretensão de entubar em você qualquer "decisão final" sobre o que está ou não está certo. Eu mesmo me pego, volta e meia, com os olhos brilhando com novas descobertas e aprendizados sobre o Marketing. Minha pretensão é bem mais humilde; contento-me tão somente em ter a oportunidade de lhe mostrar "outros lados" da história. Se está certo, errado, se é bom ou ruim... isso caberá a você decidir enquanto mergulha nos estudos.

Por fim, é importante que saiba que tentei minimizar o efeito das eventuais limitações não apenas com meu trabalho, mas com a ajuda de três competentes e renomados revisores técnicos, com o suporte de uma consultoria editorial, além de alguns colegas acadêmicos e de mercado que, com muita gentileza, se dispuseram a ler partes do livro e retornaram com seus comentários. Houve também consultas pontuais a diversos especialistas, inclusive de fora do Marketing, como da área jurídica, de tecnologia, de diversidade e inclusão, e historiadores. Ainda assim, caso você perceba qualquer aspecto digno de ajustes, por favor, contate-me por e-mail e terei gosto em refletir e agir sempre que pertinente.

INTRODUÇÃO

É provável que você já tenha ouvido falar de Fernando Pessoa, famoso poeta e escritor português, ainda que seja uma lembrança das aulas de literatura ou de língua portuguesa na escola. Ainda mais provável é ter ouvido ou lido ao menos uma de suas célebres frases: "Tudo vale a pena se a alma não é pequena". Entretanto, o que possivelmente você não sabe é que Pessoa também foi um dos pioneiros das práticas de Marketing em Portugal. Pois é, na década de 1920, Pessoa publicou diversos textos ligados à publicidade, ao comércio e à gestão de empresas, com muitas ideias em afinidade com o que entendemos por Marketing hoje em dia.

Penso que interessantes e curiosas descobertas sobre nossa disciplina (como essa aí que acabo de mencionar) está entre os fatores que têm, dia após dia, me deixado vertiginosamente apaixonado pelo Marketing e tudo o que o rodeia. Quanto mais imergimos nos estudos, mais sedentos ficamos, e passamos a perceber o quanto é verdadeira a expressão "Marketing é tudo" (título e tema do célebre artigo *Marketing is Everything*, de Regis McKenna, de 1991).

Mas, quando cheguei a Pessoa, eu já havia percorrido um bom caminho e já tinha encontrado muitas verdades, mitos e curiosidades sobre o Marketing.

Essa sede por conhecer nossa disciplina de maneira mais íntima nasceu como uma forma de, digamos, **sobrevivência** no mercado face a um exponencial crescimento dos gurus, blogs populares, pseudo-influencers e outras fontes repletas de equívocos, falácias e superficialidades acerca do mundo do Marketing.

É peculiar, pois o efeito dos gurus descia amargo na garganta, gerando uma bola de neve de estímulos e emoções. A coisa toda dava-se mais ou menos da seguinte maneira:

→ Aparecia um novo guru, ou uma nova verdade dogmática sobre como converter clientes, ou um novo conceito "revolucionário" para o mercado.

↳ Essas coisas despertavam-me a atenção, ou por soar absurdas, sem sentido, uma reinvenção da roda, ou por já haver alguma maneira de resolver determinado problema, ou pelo fato de o guru não ter qualquer background (seja profissional ou acadêmico) para opinar qualquer coisa sobre o assunto... enfim, por algum motivo, soavam como um alerta.

↳ Minha reação era buscar informações adicionais e complementares, checar dados e aprofundar-me no tema (ir às raízes mesmo), de maneira a separar o joio do trigo – ou melhor, a racionalidade da insanidade; fatos de fantasias.

Pode soar irônico, **mas devo muitos agradecimentos aos gurus**, pois, conforme suas mensagens falaciosas (por vezes, bizarras!) se espalham, mais sinto uma força lá no fundo do peito que me estimula a estudar mais e mais, como forma de me manter são e o tão distante quanto possível dessa praga que ceifa, dia após dia, as oportunidades do nosso mercado e o brilho do verdadeiro Marketing.

Ao aprimorar os conhecimentos sobre as origens (por vezes, seculares!) das "novidades", estudar sobre quem desenvolveu as ideias e os conceitos de Marketing, o contexto em que foram criados, as razões pelas quais se chegam a certas conclusões, teorias, modelos etc., percebi uma sensação de ter um mundo novo abrindo suas portas.

Passei boa parte da minha carreira muito dedicado a resolver questões práticas, seja como executivo, consultor ou professor. Sim, já era bastante dedicado e estudioso, mas o uso que dava para o arcabouço teórico que vinha colecionando era, em geral, direcionado à aplicação prática. Curiosamente, com o tempo, vim a perceber que, quanto mais aprendia sobre a história e os conceitos estruturais da disciplina, melhor performava junto aos meus clientes de consultoria e aos meus alunos.

Na minha visão, **um sólido conhecimento acadêmico é fundamental para termos sucesso em nossas empreitadas** – seja em qual área for. Entretanto, em especial para aqueles que trabalham no mundo corporativo, também entendo que é essencial "fazer acontecer", ou seja, meter a mão na massa e colocar em prática seus conhecimentos.

Não à toa, o primeiro capítulo do livro trata especificamente da dualidade Academia x Prática; um tema que, é certo, já passou por você ao longo da sua carreira. Quem sabe, conforme for viajando pelas páginas do livro, você se sinta provocado e estimulado pelas novas descobertas e conhecimentos que for adquirindo e reflita sobre como poderia implementar suas ideias na prática.

Para concluir, tomo a liberdade para fazer uma sugestão: em vez de encarar este livro como mais um conteúdo técnico que você tem que estudar, vá por um caminho tranquilo, leve e mantenha a mente aberta.

Ao folhear as páginas e passar os capítulos, **deguste o livro**. Isso mesmo, deguste; da mesma forma como Lily Bollinger fazia com seus champanhes – deguste o livro com goles de reflexão.

CAPÍTULO 1

GUERRA DOS MUNDOS: ACADEMIA X PRÁTICA

A solução mais prática é sempre uma boa teoria.
Albert Einstein

Na área do Marketing existe uma distância, um *gap* perceptível e incômodo, entre os mundos da academia e da prática. Por mais que ambos os lados percebam valor em ter maior proximidade (Repsold e Hemais, 2018), os desafios perduram por muitos e muitos anos. Para dificultar as coisas ainda mais, muitos profissionais do mercado acreditam que os estudos formais são desnecessários, apoiando-se no exemplo de exceções de empresários bilionários que não têm diploma superior, como Mark Zuckerberg, Bill Gates ou Steve Jobs. Entretanto, como nos alerta o professor da USP Rafael Paschoarelli[1], "o sucesso sem educação formal é inspirador, mas é uma armadilha pensar que o estudo é desnecessário".

Os gestores e líderes de empresas tendem a não valorizar o departamento e as atividades de Marketing. Segundo alguns pesquisadores, o Marketing é tão precariamente entendido, de forma tão superficial e periférica, que acaba sendo completa ou parcialmente ignorado pela organização (Swilley *et al.*, 2023).

Os impactos negativos desse *gap* foram amplamente estudados por acadêmicos ao longo de décadas, que elencam diversos problemas como consequência desse distanciamento entre a teoria e a prática de Marketing, bem como os reflexos negativos que a falta de conhecimento acadêmico gera em um mercado cada vez mais fragilizado (veja, por exemplo, Schutte, 1969; Grapentine, 1998; Oliveira e Luce, 2020).

A gente nem sequer consegue se entender...

Para que pessoas de uma mesma área de atuação trabalhem juntas e evoluam seu campo de conhecimento, antes de mais nada, elas precisam se comunicar bem. Quando um lado fala, o outro precisa entender o que está sendo dito. Em um grupo de professores,

---

1 "A diferença entre o conhecimento empírico e teórico" https://einvestidor.estadao.com.br/colunas/rafael-paschoarelli/conhecimento-empirico-x-teorico/

estudantes e profissionais da medicina, por exemplo, se um alguém falar "precisamos fazer uma *angioplastia* nessa paciente", todos na sala saberão exatamente do que se trata.

No Marketing, porém, abundam exemplos de termos que recebem diferentes conotações, tais como: satisfação, expectativas, percepções, experiência, estratégia, tática, entre tantos outros exemplos. Essa falta de compreensão harmônica dos conceitos acontece mais comumente no mercado executivo, embora também nem sempre haja consenso nos debates científicos.

Surpreendentemente, tanto entre os praticantes e acadêmicos quanto dentro do ambiente corporativo, sequer há entendimento comum sobre o mais básico: "o que é Marketing?". Entre outras consequências negativas, Contreras e Ramos (2016) destacam que essa confusão resulta no **declínio do Marketing** sob a ótica das organizações.

Em muitas empresas, de fato, o Marketing é colocado no degrau mais baixo da cadeia alimentar corporativa, pois os executivos acreditam que o departamento de Marketing é mais um luxo do que uma necessidade, diferentemente de outros setores como Financeiro, Jurídico ou Comercial/Vendas. Ironicamente, entretanto, como colocam Repsold e Hemais (2018), muitas organizações resolvem seus problemas contratando consultores; muitos dos quais são também professores de cursos universitários.

Quem, realmente, é o tal "acadêmico"

Por conta dos diversos depoimentos e comentários que ouço em aulas e eventos, percebo que estudantes e profissionais de Marketing costumam ter uma ideia equivocada de o que significa ser acadêmico. É uma questão comum; eu mesmo partilhava essa dúvida antes de entrar no mestrado. Nesse imaginário, o acadêmico é alguém distante do "mundo real" (o dia a dia empresarial, do mercado), que não entende do que passa e do que necessita o executivo nos seus desafios na empresa. Trata-se de alguém normalmente com ideias ultrapassadas e que gosta de "filosofar" sobre Marketing.

Embora possa, sim, haver pesquisadores e professores com algumas características similares às que listei acima, o que talvez surpreenda você é saber que um acadêmico de boa qualidade, que trabalhe em uma boa escola, guarda muitas similaridades com um executivo de alto escalão de uma grande organização.

Em muitos casos, o professor não tem apenas a função de dar aulas. Ele precisa pesquisar e publicar seus conteúdos em periódicos científicos. A instituição educacional à qual ele pertence irá cobrar resultados: X horas lecionando e X materiais publicados. Contudo, para fazer boas pesquisas (e depois ter suas publicações aceitas), o acadêmico precisa de financiamento; e é ele próprio quem busca por recursos para sua pesquisa. Com isso, às obrigações já mencionadas, adicione também que o acadêmico ainda precisa prestar contas dos investimentos angariados e de como usou os recursos (em congressos, livros, assistentes, viagens etc.). A depender da relevância da pesquisa, o professor poderá contar com diversos assistentes (normalmente, alunos de mestrado ou doutorado), e muitos docentes gerenciam mais de uma pesquisa simultaneamente.

Não há como fugir

Talvez os praticantes acreditem que a "teoria não serve para nada", ou enxerguem o conhecimento científico como pouco útil e distante do "cenário real", do "campo de batalha" onde atuam. Em outras palavras, acham que o discurso dos estudiosos não se encaixa nos desafios enfrentados pelos profissionais nas empresas.

A questão é que mesmo que você não conheça, entenda ou goste do "mundo acadêmico", há uma verdade da qual não há escapatória: ainda que trabalhe em uma empresa, o que você faz "na prática" é sempre respaldado por uma teoria (sempre!). Em outras palavras, **por trás de qualquer prática há uma teoria.**

Muitos dos profissionais dos quais mais admiro em nossa disciplina têm esse perfil de unir um sólido fundamento acadêmico (que se dá com estudos formais) a uma forte experiência prática (as horas de voo no mercado). Por exemplo, uma das minhas principais influências na carreira é um professor que tive no Chartered Institute of Marketing, Colin Gilligan, que, além de doutor pela Sheffield-Hallam University (Reino Unido) e docente, é consultor de empresas como Coca-Cola, Canon e Microsoft. Também acompanho, há pelo menos 25 anos, outro britânico, Dave Chaffey, professor e doutor que, além de ter dezenas de livros sobre Marketing Digital publicados em vários idiomas, também coleciona sucessos como consultor: Mercedes, HSBC, 3M, Dell, entre outros.

Gosto de pensar que, ainda que seu papel na empresa seja mais tático ou operacional (e menos estratégico), suas atividades, aquilo em que você trabalha "na prática" em seu dia a dia, está embasado em uma teoria. Nessa lógica, e já que por trás de toda prática há uma teoria, mais vale você se dedicar e se aprofundar em conhecer mais sobre os conceitos que dão suporte às suas necessidades profissionais na empresa.

Não é "*versus*"... o ideal é Academia + Prática

É claro que entendo que haja esse distanciamento, e até um eventual olhar de descrença, entre práticos e acadêmicos. Concordo que os textos acadêmicos poderiam ser, por vezes, menos maçantes e com um vocabulário mais acessível. Também acho que muitos professores precisam se dedicar mais profundamente aos estudos do passado da nossa área, bem como estarem atualizados quanto ao estado da arte da disciplina. Mas também sinto pouca flexibilidade, ou até mesmo preguiça ocasional, de alguns executivos, profissionais e estudantes em receberem com melhores olhos o conhecimento acadêmico.

Todavia, em minha própria carreira, sempre tentei trilhar os dois caminhos em paralelo, bebendo em ambas as fontes e buscando extrair o máximo e o melhor tanto do mundo acadêmico quanto do mercado executivo. Sem dúvidas, acredito que minhas conquistas no ambiente empresarial são fruto também das horas e horas dedicadas em estudos – inclusive pesquisando, em materiais científicos, respostas e soluções para desafios enfrentados pelos meus clientes de consultoria. Ao longo de mais de 25 anos de mercado, pude perceber em diversas ocasiões os impactos positivos da união entre a academia e a prática.

Conforme você for desenvolvendo sua rotina de mergulhar nos materiais científicos, colocar o aprendizado em prática e conseguir ter uma visão mais sistêmica dos desafios postos, você também irá perceber os benefícios práticos e concretos (a você próprio e aos outros) nas suas entregas, cada vez com resultados melhores e mais satisfatórios.

CAPÍTULO 2

O PROBLEMA DOS GURUS NO MARKETING

Nem tudo que é enfrentado pode ser mudado; mas nada pode ser mudado até ser enfrentado.

James Baldwin

Possivelmente, você já esbarrou com conteúdos de gurus por aí. Eles estão em toda parte (redes sociais, eventos, livros, revistas, *podcasts*, *webinars*) e não são exclusivos do Marketing; você encontrará gurus nas mais diversas áreas. Essa casta que abarrota nosso cotidiano pode prejudicar as **práticas**, a **educação** e até mesmo o **futuro** de diversas disciplinas, mas aqui focarei, particularmente, o campo do Marketing.

Em primeiro lugar, considero gurus aqueles que tendem a ter uma leitura extremamente **superficial** e **instrumental** do Marketing, embora transmitam suas opiniões com **tom de autoridade** e, comumente, em formatos de conteúdos muito bem embalados.

Superficial porque ignoram ou não se interessam por conhecer mais sobre aquilo que eles mesmos pregam. Por exemplo, quando dizem para trabalhar com Personas, fazem vídeos sobre o tema, template para download ou até vendem cursos sobre "Como fazer Personas", mas não se preocupam em entender a fundo o que são as tais Personas, quem criou esse conceito, em que contexto, para qual finalidade, quais críticas há sobre a metodologia etc.

Instrumental, pois aparentemente não desejam fazer qualquer reflexão crítica sobre o que fazem, ensinam e proliferam. Com os gurus, o *pensar* fica de canto, e suas abordagens são meramente prescritivas e baseadas em uma suposta experiência de suas supostas trajetórias de sucesso. Uma boa evidência é perceber que muitos dos produtos originais que fazem determinado guru vender milhares ou milhões vão sendo modificados ao longo do tempo para justificar novos lançamentos, até que se chega a um ponto em que o que está sendo vendido é algo significativamente diferente daquilo que tornou o guru rico lá atrás.

Para além dessas duas características iniciais, os gurus usam diversos artifícios para transmitir um **tom de autoridade**, que serve "atestar" uma suposta posição privilegiada na elite de sua área de atuação. Não raro, os gurus se embasam em falácias que não dizem respeito apenas ao conteúdo que criam e compartilham, mas também a como promovem suas próprias carreiras.

Não faltam casos de gurus que dizem ter "O melhor evento de Marketing Digital do país", ou até devaneios mais ilusórios, como ostentar no LinkedIn que são professores de algumas das principais escolas do mundo como MIT, Stanford ou Imperial College (aliás, ambos exemplos reais e recentes).

Exageros e exibicionismos relacionados ao sucesso financeiro também fazem parte do repertório gurútico de praxe: exibem bens valiosos, fotos em paisagens internacionais, ou até extratos bancários ou da conta do Hotmart. Dessa forma, personificam valores equivocados ou, como Laird (2017) critica, "a glorificação da ambição e riqueza individual" (p. 1.201).

Por fim, o perfil de um guru típico pode eventualmente conter traços de aversão à ciência e/ou ao conhecimento acadêmico, a preferência pela forma em vez de o conteúdo em si, o exagero nos casos de sucesso e a omissão de casos de fracasso.

Mas o que isso tem a ver com danos ao Marketing?

Talvez as qualidades que acabei de descrever não sejam, isoladamente, o principal problema que afeta tão negativamente a nossa área. Ocorre que os gurus têm uma outra característica: são extremamente populares.

O privilégio pela forma apelativa e pela linguagem simplificada ajuda os gurus a serem sedutores, bem compreendidos e percebidos como relevantes autoridades por um número amplo de pessoas. É aquilo de "o que importa é parecer, não ser".

A falta de preocupação com profundidade, credibilidade e qualidade das informações, bem como a busca paranoica pelos "*hot topics*", também os ajuda a produzir conteúdos em grande volume e frequência. E, naturalmente, o tom de espiritualidade e heroísmo de suas estórias de superação e conquistas tão sonhadas dá o toque final de craque que, como os encantadores cantos de sereia, envolve até mesmo os mais céticos.

Há muitos gurus populares, que gozam de imensas hordas de asseclas e acabam afetando muitos profissionais e estudantes incautos que, por sua vez, irão colocar em prática, comentar com colegas, ensinar sua equipe ou debater com alunos numa sala de aula. Portanto, o poder de multiplicação e alcance dos gurus é inquestionavelmente enorme.

> Escolhi o termo para me referir aos imensos grupos de seguidores dos gurus, que comumente agem de maneira fervorosa ou fanática em apoio ao guru – não raro com pouca ou nenhuma reflexão crítica sobre o conteúdo *gurútico* que consomem.

Em um caso recente no mercado brasileiro, por exemplo, um popular guru afirmou que aprende-se mais Marketing com uma celebridade do mundo da música do que com o "pai" do Marketing moderno, Philip Kotler. Entretanto, o próprio guru coleciona diplomas de algumas das melhores escolas de negócios do planeta, incluindo a Northwestern University (onde Kotler leciona há décadas). O discurso, portanto, parece ser válido apenas para os outros.

As falácias proliferam-se extensa e rapidamente, muito por conta de haver um grande interesse nos conteúdos que prometem resolver problemas complexos de forma simples, rápida e com pouco esforço. Ora, eu também adoraria que fosse possível emagrecer comendo pizza ou passar em um concurso público estudando apenas uma hora por semana!

O conteúdo superficial e instrumental dos gurus é realmente sedutor, sobretudo para os leigos no assunto, ou para os que estão em um momento de desespero pessoal ou profissional. Mas não, não há fórmula mágica! E mesmo gênios como Leonardo da Vinci, Thomas Edison e Albert Einstein reconhecem que o sucesso resulta de muita dedicação, estudos e prática.

O tamanho do problema

Por conta desse vastíssimo alcance que costumam ter, os gurus impactam uma multidão de pessoas. É como no caso da disseminação de fake news. Aquela falácia se espalha rapidamente, extrapolando a bolha gurútica e atingindo pessoas mais diversas. Quando se tenta refutar, fundamentando-se em dados e/ou em evidências científicas, normalmente a reação perde em velocidade e alcance, tendo pouco efeito prático no combate à informação falsa, incompleta ou enviesada.

Normalmente, os iniciantes no Marketing são as vítimas mais óbvias. Muitos estão sensíveis e permeáveis, tornando-se presas fáceis para a promessa de resultados com baixo esforço e em curto tempo e sem qualquer solidez para sustentar o que foi prometido. O conteúdo chega de forma simplificada e rasa, o que não só facilita o consumo, como também diminui a percepção de estresse por estar aprendendo algo novo.

Esse ataque à base, aos "neófitos" no Marketing, prejudica profundamente a evolução da nossa área, pois conceitos são deturpados, têm seus significados modificados, as teorias existentes são ignoradas ou reduzidas e compartilhadas de forma incompleta. O pega-se algo que já existe, dá-se outro nome e, nessa confusão toda, ninguém vai conseguir entender ninguém, o que acaba retardando (por vezes, impedindo) o progresso da nossa disciplina.

Por conta disso, não acho exagero afirmar que os impactos negativos dos gurus ultrapassam as barreiras do Marketing e tenham o potencial de afetar a sociedade em um sentido mais amplo. Não apenas pelas consequências aqui tratadas, mas porque o Marketing é um agente extremamente presente em toda a sociedade; influenciando e também sendo influenciado pelos diversos atores e forças sociais – instituições, indivíduos, grupos organizados, corporações, organismos públicos, padrões, crenças, culturas, entre outros.

OS GURUS AFETAM O MARKETING DE AO MENOS TRÊS DIFERENTES MANEIRAS:

Práticas de Marketing
Gurus afetam a forma como o Marketing é praticado nas empresas, consultorias e agências. Seus conteúdos proliferam ampla e rapidamente, muitas vezes sendo percebidos como tendências importantes ou "melhores práticas" que funcionarão em quaisquer contextos. O conhecimento raso e falacioso ajuda a solidificar entendimentos nocivos, o que contribui para o Marketing se tornar uma área problemática na empresa.

Educação de Marketing
Os gurus já estão infiltrados nas universidades, de cursos de graduação a mestrados. Os alunos trazem "ensinamentos" gurúticos para a sala, mas também há professores que se contentam em despejar conteúdos que veem em sites de gurus, até por comodidade, já que não exigem que o estudante se incomode ou perca tempo em ler mais de duas páginas, realizar grandes esforços mentais e reflexões cansativas... pensar dói e dá trabalho.

Futuro do Marketing
Como você terá deduzido, leitor, o futuro da nossa área será uma consequência do que foi feito no passado e do que fazemos hoje. Os gurus explodiram na área de Gestão na década de 1980, com nomes como Peter Drucker e Tom Peters. No Marketing, especialmente na área Digital, o aumento dos gurus se dá a partir da década de 2010. Entretanto, muitos dos ídolos dos atuais gurus também eram uma espécie de guru em seu tempo, como Napolleon Hill, que segue influenciando profissionais atualmente.

> Napolleon Hill (1883 – 1970) é amplamente criticado por faltar com a verdade em diversos de seus escritos e palestras. Apesar de ser totalmente ignorado em ambientes mais rigorosos, como a academia, Hill, há anos, é um dos maiores *best-sellers* da literatura de autoajuda empresarial.

Nossa disciplina vem se enfraquecendo e, como revelam Carvalho e coautores (2010), conforme os gurus seguem enriquecendo e ganhando fama, o mercado e seus profissionais ficam cada vez menos reflexivos e democráticos. Os autores continuam e enfatizam que os "jovens estudantes têm sua mente colonizada desde seus primeiros contatos com a teoria, o que cria desvios de aprendizagem e deformidades em sua formação profissional e pessoal" (p. 536).

Imagine por um momento que, por qualquer motivo, uma pessoa contamine diversas mudas de uma plantação. Essas jovens mudas crescerão tortas, defeituosas, com raízes frágeis... Talvez, se essas mesmas plantas prejudicadas vierem eventualmente a dar frutos, eles também poderão estar comprometidos, e a bola de neve só irá crescer.

Os gurus devem ser combatidos. No mínimo, é prudente que você se distancie desse meio, resistindo ao canto da sereia, para não acabar submerso em um mar de mesmices, falácias e superficialidades. Conforme os gurus continuarem a se proliferar e corroer nossa disciplina, em algum ponto no futuro, o Marketing poderá ser reduzido a uma vaga lembrança. Pelo momento, o melhor remédio é estudar, se aprofundar nas raízes do Marketing, desenvolver uma visão mais sistêmica e multidisciplinar da nossa área e ser mais cético.

Portanto, sugiro que sempre que algo não soar bem ou gerar dúvidas, vá você mesmo às fontes. Busque ler mais sobre aquela ideia, inclusive procurando por visões críticas, que refutem ou provoquem suas crenças. Seja exigente com sua educação e questione sempre, para que você consiga, por si só, se fortalecer na disciplina e tirar suas próprias conclusões de forma segura e bem embasada.

CAPÍTULO 3

O DESCASO PELA HISTÓRIA DO MARKETING

Aqueles que não conseguem lembrar o passado estão condenados a repeti-lo.

George Santayana

Pouca gente sabe que há uma área dentro do Marketing que trata de aspectos históricos do nosso campo. Da mesma maneira que há profissionais que trabalham e se especializam em Pesquisa de Marketing, Marketing de Serviços, Marketing Digital, Branding, Comportamento do Consumidor, entre tantas outras áreas dentro do Marketing, também há uma chamada História do Marketing. Os adeptos dessa vertente são conhecidos como historiadores de Marketing.

O campo de História do Marketing é tido na mais alta conta; uma espécie de "sala VIP" dentro da nossa disciplina. Uma evidência disso leva em consideração o peso dos intelectuais de Marketing que pesquisam e escrevem sobre o passado da área.

Alguns dos nomes que publicam (ou publicavam em vida) conteúdos históricos certamente são ícones do Marketing, tais como Stanley Hollander, Mark Tadajewski, Robert Bartels, Shelby Hunt, Jagadish Sheth, V. Kumar, Christian Gronroos, o próprio Philip Kotler, entre tantos outros.

Esses gigantes da nossa disciplina produziram uma enormidade de conteúdos nos quais alertam sobre a falta que faz – a estudantes, professores e profissionais – conhecer verdadeiramente as raízes do Marketing.

Para além disso, a História do Marketing é considerada uma das **Escolas de Marketing**, segundo a classificação de diversos renomados acadêmicos (veja quadro a seguir). Ao longo do tempo, houve diversas propostas de periodizar e de organizar a disciplina, inclusive dividindo-a em escolas de pensamento, ou seja, buscando entender as diferentes abordagens ou formas de enxergar o Marketing.

De acordo com múltiplas fontes, o pensamento de Marketing pode ser classificado da seguinte maneira:

ESCOLA (TERMO ORIGINAL)	ESCOLA (TRADUÇÃO LIVRE)	TEMAS / QUESTÕES CENTRAIS
Marketing Functions School	Escola das Funções de Marketing	Quais atividades (funções) estão incluídas no Marketing? O que faz o Marketing?
Commodities School	Escola de Commodities	Como diferentes tipos de mercadorias (*commodities*) podem ser classificados e relacionados às funções de Marketing?
Institutional School	Escola Institucional	Quem executa as funções de Marketing em relação às *commodities* (*i.e.*: intermediários, varejistas, atacadistas)?
Marketing Management School	Escola de Gestão de Marketing	Como os profissionais de Marketing deveriam gerir e comercializar produtos ou serviços para os clientes?
Marketing Systems School	Escola dos Sistemas de Marketing	O que é um sistema de Marketing? Por que existe e como funciona? Quais agentes atuam com Marketing?

ESCOLA (TERMO ORIGINAL)	ESCOLA (TRADUÇÃO LIVRE)	TEMAS / QUESTÕES CENTRAIS
Consumer Behavior School	Escola de Comportamento do Consumidor	Por que os clientes compram? Como pensam, sentem e agem? Como usam/consomem produtos?
Macromarketing School	Escola de Macromarketing	Como o Marketing impacta a sociedade e como é impactado por ela? Qual o papel do Marketing dentro de um sistema mais amplo?
Exchange School	Escola de Trocas	Quais formas de troca existem? Como trocas comerciais diferem de outras trocas?
Marketing History School	Escola de História do Marketing	Quando as práticas e teorias de Marketing nasceram e como cresceram e evoluíram? Quem são as personagens envolvidas? Em qual contexto?
Interregional Trade School	Escola de Trocas Inter-regionais	Onde as trocas e o comércio têm lugar? Onde são os centros regionais para transações?

Fonte: Pelo autor, com referências de Sheth et al. (1988); Shaw e Jones (2005), Mishra e Mishra (2021), Parvatiyar e Sheth (2021)

Lamentavelmente – e a despeito da relevância do tema –, nossa disciplina é muito a-histórica, ou seja, ignora e/ou não valoriza a própria história. Mesmo em termos de conteúdos em inglês, são poucos os materiais produzidos, inclusive na academia, e há ainda muito menos que estão acessíveis ao público em geral. É verdade, entretanto, que existe uma publicação de Marketing focada exclusivamente na história da área – o *Journal of Historical Research in Marketing*, lançado em 2009. Todavia, apesar do conteúdo riquíssimo, o periódico tem publicado cada vez menos artigos e a revista parece estar sendo deixada de lado, recebendo pouca atenção de leitores e autores.

As fontes precárias que temos ao alcance

Focando especificamente a língua portuguesa, em quaisquer dos países lusófonos[2], não identifiquei em minhas pesquisas qualquer curso dedicado à História do Marketing (seja em extensão, graduação, pós-graduações, MBAs, mestrados ou doutorados). Além da minha experiência em trazer conhecimento histórico com regularidade em minhas aulas, tenho ciência de raríssimos colegas docentes que, eventualmente, também gostem de abordar a temática de forma frequente em seus cursos.

É possível encontrar alguns artigos em português com abordagens históricas. Infelizmente, é raro trazerem algo novo (algo original ou diferente dos textos em inglês) e, pior, não há quase nada que trate especificamente da História do Marketing nos mercados lusófonos. Tanto os artigos quanto os livros, sejam de autores brasileiros ou portugueses, normalmente são rasos e limitados. Em geral, pecam nas referências (por vezes, inexistem!) e até há casos de meras traduções de importantes acadêmicos estrangeiros.

---

2   Aqui me refiro aos países onde o português é a língua oficial: Angola, Brasil, Cabo Verde, Guiné-Bissau, Guiné Equatorial, Moçambique, Portugal, São Tomé e Príncipe, e Timor-Leste. Vale dizer que o português também é o idioma oficial de Macau, mas este não é um país, e sim uma região administrativa da China, bem como Hong Kong.

Em um exemplo sobre a história do Marketing em Portugal, encontrei apenas um livro que promete tratar do passado de nosso campo no país. A obra *O Marketing em Portugal: dos anos 60 ao futuro*, publicada em 2017 por Carlos Manuel de Oliveira, é extremamente breve na abordagem histórica, passando de forma rasa por momentos muito relevantes para as práticas ou o pensamento de Marketing no país.

O ponto mais crítico talvez seja notar que mais da metade do livro traz ideias comuns a qualquer outro livro basicão de Marketing, como capítulos sobre Segmentação ou Branding. Mesmo nesses capítulos, o autor poderia ter acrescentado informações específicas de Portugal ou feito pontes entre o passado, o presente e o futuro dos conceitos tratados. Todavia, contenta-se em ficar no "mais do mesmo" ao tratar de assuntos basais da disciplina. Em um lado positivo, particularmente dada a falta de alternativas no tema, o leitor iniciante poderia ter um resumo decente de parte da história do Marketing em Portugal, passando a conhecer alguns personagens e algumas organizações relevantes para a época.

No que diz respeito a autores do Brasil, por um lado há alguma oferta de artigos acadêmicos e de monografias de mestrado e doutorado. Entretanto, poucos trabalhos trazem novidades (por exemplo, faltam investigações em dados primários), de forma que há muita repetição de conteúdo e, normalmente, restrito ao período do surgimento da disciplina no país (na década de 1950).

Por outro lado, livros com reflexões históricas são raríssimos. Por exemplo, há um livro que, aparentemente, se reduz a apresentar adaptações, em português, do clássico *Marketing Theory,* de Sheth, Gardner e Garrett (1988). O autor brasileiro inspira-se na obra de 1988 em diversos momentos, com direito até a trechos na íntegra, meramente copiados e traduzidos, sem qualquer referência direta ao original, como no exemplo a seguir:

> *Given that marketing is concerned with the movement of goods from producers to consumers, the commodity theorists proposed that marketing scholars should concentrate on the objects of the transactions, namely, the products* (Sheth et al., 1988, p. 36).

> **Dado que o marketing, nesse momento, estava preocupado com o movimento de bens dos produtores aos consumidores, os teóricos da Escola de Commodity propuseram que o Marketing deveria se concentrar nos objetos da transação, ou seja, nos produtos (Ajzental, 2010, p. 21).**

Para finalizar, você encontrará algumas poucas traduções em nosso idioma de livros sobre o passado da Publicidade; normalmente escritos por publicitários, sem qualquer rigor acadêmico, e limitados a casos do mercado de Publicidade nos Estados Unidos. Em muitas ocasiões, o autor do livro é, ele próprio, personagem ou mesmo protagonista das histórias contadas.

Um bom exemplo é o famoso *Adland: a Global History of Advertising,* de Mark Tungate, lançado nos Estados Unidos em 2007 e traduzido no Brasil como *A História da Propaganda Mundial*, em 2009. Costumam ser textos centrados em um pequeno grupo de agências e figuras conhecidas do mundo da Publicidade nos EUA.

Há, no entanto, outras duas traduções mais antigas que trazem um conteúdo bem fundamentado: *Uma História da Propaganda* (Thomson, 1999) e *História da Propaganda* (Quintero, 1990). Especificamente focado no mercado brasileiro, vale uma última recomendação: *História da Propaganda Brasileira* (2001), de autoria de Pyr Marcondes.[3]

---

3   Todos esses livros podem ser facilmente encontrados online, particularmente em sites de livros de segunda mão, e você encontrará as referências completas nas Obras Recomendadas, disponíveis nos materiais online do livro.

Não vamos repetir os erros do passado!

Todo esse descaso que acadêmicos e profissionais de Marketing têm pela história da nossa disciplina é até compreensível, uma vez que atuamos em uma área muito conectada com o meio empresarial, que precisa do Marketing para ajudar as organizações a lucrarem mais "amanhã". Além disso, o Marketing é sempre permeado e impactado pelas novidades tecnológicas, como inteligência artificial ou metaverso. Assim, a conclusão é bem simples: estudar e publicar sobre História do Marketing não dá dinheiro e, por esse motivo, tem pouco apelo, mesmo no meio acadêmico (Jones e Shaw, 2018; Hawkins, 2022).

Entretanto, é muito importante saber o que ocorreu no passado para entender melhor o presente (Heaton, 1930; Fullerton, 2011), o que ajudará a compreender a razão do que ocorreu e os seus desdobramentos atuais (Winer e Neslin, 2023), além de nos ajudar a expandir as fronteiras intelectuais e, portanto, torna-se **competência essencial** para a disciplina (Nevett e Hollander, 1994). Talvez pelo impacto positivo para o campo e, particularmente para estudantes e pesquisadores jovens, diversos autores alertam para o fato de que é de importância estrutural que se incluam perspectivas históricas em cursos de Marketing (Hunt, 2010; Jones e Shaw, 2018).

Um bom indicativo da importância do conhecimento histórico, reforço, pode ser o fato de que alguns dos mais ilustres expoentes de Marketing (como os já mencionados no início deste capítulo – Tadajewski, Hunt, Sheth...) pesquisam e publicam sobre a história do Marketing. Particularmente, e tendo como base minha própria jornada em estudos sobre o passado da nossa área, penso que, a despeito das vantagens de deter esse conhecimento, também há um **potencial risco**; algo que talvez possa afastar alguns profissionais e estudantes da própria área de Marketing.

Quanto mais você estudar sobre a História do Marketing, entender de onde os conceitos vêm, por que foram criados, em qual contexto surgiram, quem os criou, conhecer importantes nomes da área, perceber a relação do Marketing com outras disciplinas e conseguir enxergar o Marketing de uma maneira muito mais ampla e, ao mesmo tempo, mais profunda, é possível que se desmotive de seguir no mundo corporativo...

O risco, portanto, reside neste dilema: ampliar e aprofundar seus conhecimentos sobre Marketing pode despertar uma **frustração** ao perceber que, no ambiente empresarial, aproveita-se pouquíssimo do enorme universo de Marketing, reinventam a roda a toda hora, insistem em práticas conhecidamente ineficientes e, não raro, apropriam-se de técnicas de Marketing de formas potencialmente prejudiciais à sociedade e suas instituições.

Acredito que compreender a história da nossa disciplina talvez seja o melhor remédio para você estar vacinado contra a enxurrada de fake Marketing e falácias proliferadas pelos populares gurus e seus seguidores. Entender mais do passado do Marketing também será útil para lhe deixar mais consciente sobre a **responsabilidade** que carregamos.

Quanto mais quiser dominar o Marketing e se diferenciar na carreira, mais sentirá sede por buscar as raízes, as origens da nossa área, seus conceitos, teorias, personagens, suas metodologias e práticas.

CAPÍTULO 4

NÃO, O MARKETING NÃO NASCEU COM KOTLER!

> Mestre não é quem sempre ensina, mas quem de repente aprende.
>
> **Guimarães Rosa**

Apesar do, digamos, senso comum em nossa área, o Marketing não nasceu com Philip Kotler – ou com Peter Drucker, ou Henry Ford, ou Michael Porter –, nem na década de 1960; também não foi com a revolução industrial e nada tem a ver com a prensa de Gutenberg ou com a Mesopotâmia.

Aposto que você acreditava em algo nessa linha, não é mesmo? Sim, são justamente essas as ideias passadas em muitas escolas e é o que você encontra nos blogs de gurus repetidas vezes. Faça um teste: procure no Google sobre a origem do Marketing e certamente vai se deparar com alguma dessas teorias equivocadas.

Essas concepções incorretas são "validadas" pela enormidade de sites que as proliferam inadvertidamente. Pelo volume e "relevância" online de algumas fontes, com o tempo as inverdades se massificam e solidificam ao ponto de, mesmo em cursos universitários de Marketing, professores repetirem falácias acerca do surgimento da nossa disciplina.

A ideia de que Kotler é o "pai" do Marketing é um pouco mais compreensível. Na década de 1960 muita coisa aconteceu, como a criação do paradigma dos 4 Ps, por Jerome McCarthy, e a publicação de um dos maiores clássicos da área: *Miopia de Marketing*, de Theodore Levitt. Mas foi pelas mãos de Kotler o lançamento do mais conhecido livro de Marketing de sempre, *Administração de Marketing*, que chegou ao mercado em 1967 e em menos de dez anos já havia sido traduzido em vários idiomas e era utilizado em cursos em diversos países.

Apenas dois anos depois, em 1969, Kotler publicou importantes artigos[4] com ideias inovadoras que mudaram a forma de se pensar e de se praticar o Marketing. Os textos extrapolavam a visão exclusivamente empresarial e comercial, o que impulsionou a disciplina para conquistar outros horizontes. Ao lado de Sidney Levy, Kotler publicou um dos grandes marcos de nosso campo: o artigo *Broadening*

---

4 Consulte a lista completa de publicações de Philip Kotler no seu site oficial www.pkotler.org/journal

the Concept of Marketing ("Ampliando o Conceito de Marketing", em tradução livre). Os autores propõem que o Marketing não existe apenas no contexto comercial, quando uma empresa quer vender um produto para um cliente, dando um bem ou serviço em troca de dinheiro. A provocação dos professores sugere que, mesmo em outras relações de troca (não apenas nas comerciais), o Marketing está presente. Por exemplo, um político que quer votos e dá em troca (supostamente!) a implementação de suas promessas de campanha, em prol dos eleitores (Kotler e Levy, 1969).

A mentalidade de "ampliar o conceito de Marketing" levou nossa área para organizações sem fins lucrativos, de caridade, instituições religiosas, organismos públicos... Ou seja, se você trabalha em Marketing para alguma marca fora do setor privado, agradeça a esse artigo de Kotler!

Com suas ideias provocativas e inspiradoras, Philip Kotler certamente ajudou a difundir o Marketing e os 4 Ps (o modelo central de gestão de Marketing, utilizado até hoje por quase que a totalidade dos profissionais da área). Por adotar uma linguagem mais simples, objetiva e próxima de um público muito mais vasto, que estava fora do mundo acadêmico, Kotler foi protagonista ao levar nosso campo a dezenas de países e muitos milhões de leitores.

Nas décadas seguintes, Kotler continuou a escrever livros e a influenciar a área. Por isso, é merecido o título de "pai do Marketing moderno", como comumente é referenciado. Entretanto, antes do impacto de Philip Kotler, nossa área já havia nascido e evoluído, como o próprio professor atesta (Kotler, 2024).

O surgimento da ciência de Marketing

A visão hegemônica prega que o Marketing enquanto disciplina, uma nova área formal do conhecimento, assim como o conhecemos hoje, nasceu em 1902, nos Estados Unidos.

O estopim de tudo foi um curso ministrado pelo professor Edward David Jones, chamado *The Distributive and Regulative Industries of the United States* (em tradução livre, "As Indústrias de Distribuição e Regulação dos Estados Unidos"). O curso teve lugar no segundo semestre de 1902, na Michigan University.

O consenso entre os historiadores de Marketing e entre os grandes pensadores da área é de que, apesar de o curso de Jones ainda não ter o nome "Marketing" no título, seu programa claramente apontava para uma nova área, dissidente da economia, que guardava características do Marketing moderno, como se vê na ementa[5] do curso:

> Uma descrição das várias formas de comercializar bens, da classificação, marcas empregadas, e as trocas de atacados e varejistas. Atenção também será dada às organizações privadas não ligadas ao capital e a bancos, as quais guiam e controlam o processo industrial, como associações comerciais e câmaras de comércio.

> No texto em inglês, a palavra empregada aqui é *marketing*: "*A description of the various ways of marketing goods (...)*". Nessa altura, o termo "*marketing*" ainda era usado como verbo, e não substantivo, como utilizamos atualmente para nos referir à nossa disciplina.

Ou seja, a ideia que expus lá no primeiro parágrafo (sobre os equívocos acerca do nascimento da disciplina de Marketing) não apenas ignora os fatos amplamente reconhecidos na academia, mas também demonstra ignorância acerca dos personagens e dos momentos históricos.

---

5 Você poderá ver a ementa do curso e outras informações sobre a história de nosso campo no livro dos intelectuais Brian D. G. Jones e Mark Tadajewski, *Foundations of Marketing Thought: the influence of the German Historical School,* de 2019.

Kotler publicou a mais famosa obra de Marketing em 1967 (o livro *Administração de Marketing*, que em 2023 já estava em sua 16ª edição e havia sido traduzido em dezenas de línguas). Já quanto a Ford, Drucker e Porter, eles nem sequer eram do Marketing! Os dois primeiros eram mais íntimos da área de Administração/Gestão, enquanto Michael Porter é mais conhecido por suas publicações famosas em temas ligados à estratégia organizacional.

De forma similar, é errado pensar que o surgimento do Marketing veio com a Revolução Industrial, a prensa de Gutenberg ou com a Mesopotâmia. Essas são tentativas, acredito, de vincular o início do Marketing a importantes momentos de evolução tecnológica (em casos como o da revolução industrial ou da prensa), ou aos primórdios das práticas comerciais (como na referência à Mesopotâmia).

No entanto, ainda que fossemos seguir uma dessas linhas e associar a origem do Marketing a alguma tecnologia ou evolução comercial entre povos, mesmo assim as referências estariam incorretas. Ao longo do livro, você entenderá mais sobre as raízes de nossa disciplina e estará vacinado contra essas e outras teorias falaciosas.

Pelo momento, peço que guarde a seguinte informação: **nossa disciplina nasceu em 1902**, nos EUA. A partir desse ano, começamos nossa jornada relativa ao **pensamento** de Marketing. Antes desse período (e aí precisamos voltar cerca de sete ou oito mil anos atrás), quando as trocas entre pessoas começaram, o Marketing surgiu como **prática**.

> O marco estabelecido em 1902 refere-se ao início do Marketing nos EUA, mas vale um alerta: apesar de o conhecimento histórico de Marketing ser dominado por autores, cursos, literatura e ideias norte-americanos, é necessário atentar que o surgimento do Marketing sempre depende de fatores do contexto – de cada país e da época (Jones e Tadajewski, 2015).

CAPÍTULO 5

MARKETING COM O SIGNIFICADO DE MARKETING
(ASSIM COMO ENTENDEMOS HOJE)

Procuramos por poesia e espiritualidade nas marcas porque não estamos conseguindo essas coisas em nossas comunidades e uns nos outros.

Naomi Klein

A ciência do Marketing é relativamente jovem, com pouco mais de 120 anos. Curiosamente, porém, a palavra *marketing* já era encontrada em dicionários desde a Idade Média, tanto no francês quanto no inglês.

De acordo com o dicionário Oxford, a forma mais antiga já encontrada do uso do termo *marketing* data provavelmente de 1561, significando o ato ou processo de comprar ou vender em um mercado. A palavra, acredita-se, foi adotada em uma tradução feita pelo advogado e escritor britânico Thomas Norton.

Interessantemente, poderíamos dizer que essa definição segue fazendo sentido em nossa área hoje. Essa proximidade entre o significado do verbete do dicionário e a aderência ao Marketing moderno pode ser evidenciada, por exemplo, pela definição de Paul Converse e Harvey Huegy, de 1946, na obra *Elements of Marketing*, que dizem (em tradução livre) que o *Marketing é o negócio de compra e venda* (p. 2).

Comprar ou vender em um mercado (em um local qualquer, seja virtual ou de tijolo) é central, talvez até mesmo um clímax, nas atividades de Marketing.

Entretanto, como terá percebido, *marketing* era usado como verbo, no gerúndio, e não como substantivo, a maneira como utilizamos hoje no mundo inteiro. Acho que ajuda confabular sobre um hipotético diálogo corriqueiro da época, em que uma pessoa falava "Eu vou *marketing*", e isso teria o significado de algo como "Eu vou fazer compras" ou "Eu vou comprar/vender no mercado".

> O termo *market* significa mercado e, ao adicionar o sufixo verbal, *ing*, a palavra passaria a dizer algo como "fazendo mercado". Em seus usos antigos, portanto, é possível traduzir o verbo como "comercializar".

Por exemplo, no século XVIII, diversos livros buscavam orientar donas de casa a como ser uma boa esposa e gerir as tarefas domésticas eficientemente, incluindo dicas de como fazer compras inteligentes e econômicas no mercado: "... os melhores métodos de *marketing*, para saber os prós e contras do que você vai comprar de mercados, lojas de carnes (...) e a ajudará a não ser enganada" (Powell, 1771).

Esses livros, com poucas exceções, eram escritos por e para mulheres. Também eram especificamente segmentados às esposas, e o foco era claro: como educar a jovem mulher a ser uma dona de casa exemplar. Os assuntos privilegiavam dicas para duas áreas da casa: cozinha (a maioria) e jardim. Para atrair mais as potenciais compradoras, os títulos das publicações traziam certas palavras-chave, tais como: "técnicas de cozinha", "guia completo", "esposa moderna", "o bem do lar", entre outras.

Comumente, o conteúdo das obras tratava de orientações, por vezes detalhadas ou em formato "passo a passo", sobre como avaliar e selecionar os produtos (como tipos de alimentos), como barganhar preços (incluindo simulações de diálogos entre a dona de casa e o vendedor), qual a época do ano mais indicada para comprar certos produtos, e outras dicas diversas. Há, inclusive, livros com detalhes técnicos e bem específicos para escolher, por exemplo, o melhor corte de carne no açougue.

Com direito a ilustração, as palavras de Maria Parloa na obra *Home Economics: a practical guide in every branch of housekeeping* (em tradução livre, "Economia Doméstica: um guia prático para a administração do lar") mostram o primeiro de seis passos de um programa que promete que a dona de casa iniciante irá dominar o assunto ao fim de seis meses de estudo:

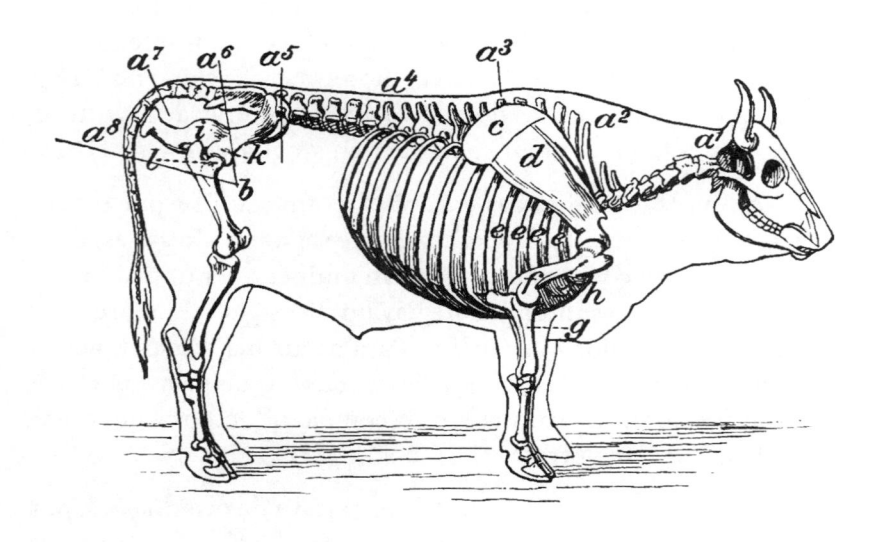

"Passo 1 – Estude a anatomia do animal, de forma a saber como localizar todos os ossos" (Parloa, 1898, p. 174)

A transição das práticas mercantis detalhadas e pessoais, como as orientações a donas de casa desde século XVIII, para a conceituação acadêmica e profissional do Marketing aponta para uma mudança significativa na forma como percebemos e praticamos o ato de comercializar.

As ilustrações e conselhos práticos de Maria Parloa marcam uma época em que a ideia de Marketing ainda se encontrava nas atividades cotidianas de escolha e negociação, fundamentando-se na experiência direta e na interação pessoal. Essa abordagem pragmática ao Marketing, enraizada nas necessidades e estratégias do dia a dia, pavimenta o caminho para a emergência de uma disciplina mais formal e teorizada, antecipando as transformações que definiriam o campo no século XX.

E quando começamos a usar o "nosso" Marketing?

Não há consenso sobre uma data precisa, mas acredita-se que entre 1906 e 1911, alguém, muito provavelmente nos Estados Unidos, passou a adotar o termo *marketing* como substantivo (e não como um verbo). Talvez, a melhor possibilidade seja a de que Ralph Starr Butler, um dos avós fundadores do Marketing, foi quem utilizou a palavra *marketing* com o significado atual, em 1911.

Em correspondências com Robert Bartels, um colega professor e o primeiro a compilar a História do Pensamento de Marketing, Butler contou como chegou a tal ideia ao desenhar um novo curso[6] que lecionaria na University of Wisconsin:

> O assunto que eu tencionava lecionar era o estudo de tudo que o promotor de um produto deve fazer antes das vendas e da publicidade. Eventualmente decidi pela frase "Métodos de Marketing". (...) Não tenho conhecimento de nenhum curso anterior ter usado o título "Marketing" e não sei de nenhum livro publicado antes do meu que use o título (Bartels, 1962, pp. 225-226).

A alusão a Butler como a pessoa que cunhou o termo *marketing* na forma como aplicamos atualmente também foi confirmada, por exemplo, por Wright e Dimsdale (1974) e Powers (2015), entre outros.

Em seu livro *Marketing Methods*, Butler observa que "a palavra *marketing* está gradualmente sendo popularizada (...). É uma boa palavra e deveríamos usá-la. No termo incluí tudo que deve ser feito para influenciar as vendas" (Butler, 1917, p. 5). Fato é que, a partir de então, e até a década de 1940, houve um aumento gradual e significativo no volume de livros, artigos e cursos de Marketing. Com isso, o termo como substantivo, como usamos hoje, ganhou espaço.

Entretanto, em importantes livros-texto nos anos 1940 ainda se podia ver o uso verbal da palavra. Por exemplo, o livro *Marketing Principles* (1931), de John Freeman Pyle (um dos "avós" do Marketing,

---

6 O curso *Marketing Methods* foi lecionado por Butler na University of Wisconsin no segundo semestre de 1910.

professor e reitor na Marquette University), traz o 12º capítulo, intitulado "*The Marketing of Services*", que é diferente da expressão que representa a área de Marketing de Serviços atualmente. O mesmo acontece com o livro *Elements of Marketing* (1946), de outros dois pioneiros, Paul Converse e Harvey Huegy; o capítulo 25 também se chama "*Marketing of Services*".

Na altura, ao usar a forma verbal, os autores queriam dizer algo como "Comprando e Vendendo Serviços", "Comercializando Serviços" ou, na melhor das hipóteses, "Fazendo Marketing para Serviços". Foi somente cerca de duas décadas depois que a literatura passou a trazer a expressão "*Services Marketing*", que é a forma como denominamos a área de Marketing de Serviços até hoje.

A jornada do termo *marketing* desde suas origens até o presente revela a evolução e a expansão de seu significado e aplicação. Inicialmente, de um verbo que denotava a ação de comprar ou vender em um mercado, o Marketing transformou-se em uma ciência complexa, abrangendo um espectro muito mais amplo de atividades destinadas a influenciar as vendas e promover produtos ou serviços.

Ao refletirmos sobre a trajetória do Marketing, é evidente que a essência de conectar produtos e consumidores permanece inalterada, mas a forma como essa conexão é realizada evoluiu dramaticamente (Kotler, 2024). A diversificação de estratégias, a incorporação de tecnologias avançadas e a ênfase no neurocomportamento do consumidor são apenas algumas das nuances que agora definem a disciplina (Moutinho e Menezes, 2023). Essa evolução não apenas reflete a adaptabilidade e a inovação inerentes ao campo do Marketing, mas também antecipa seu contínuo desenvolvimento em resposta às mudanças sociais, econômicas e tecnológicas.

A capacidade da nossa disciplina de reinventar-se e adaptar-se é um testemunho de sua vitalidade e relevância contínua. À medida em que avançamos, é crucial que continuemos a explorar, inovar e expandir os horizontes do Marketing, garantindo que ele permaneça uma força dinâmica e eficaz na conexão entre organizações e seus públicos, em um mundo em constantes e turbulentas mudanças.

CAPÍTULO 6

MARKETING COMO SINÔNIMO DE PUBLICIDADE OU VENDAS

Marcas fortes são construídas por pessoas que acreditam no que fazem, não apenas por aquelas que promovem o que fazem.

Mary Wells Lawrence

É quase um padrão: para a maioria das pessoas (incluindo profissionais e estudantes da área), Marketing é comumente entendido como sendo a mesma coisa que Publicidade e/ou Vendas.

Basta perguntar para quem está aí à sua volta: "O que é Marketing?". As chances de ouvir respostas apontando que Marketing é sinônimo de Publicidade e/ou de Vendas é enorme. Na verdade, é possível que talvez você mesmo já tenha cometido esse erro, e certamente acredito que já possa ter ouvido algum guru (ou mesmo um professor!) "explicar" que nossa disciplina é uma espécie de sinônimo daquelas duas áreas.

Essa confusão é muito compreensível pois, afinal, no dia a dia (nós, como consumidores) somos diariamente impactados por milhares de estímulos de mensagens de produtos, empresas e suas marcas. O Marketing chega de forma muito perceptível a todos nós por meio de e-mails, outdoors, na TV, nos jornais, no Google, em podcasts, nas redes sociais, no telefone... Possivelmente, a Publicidade seja mesmo a variável do Marketing Mix mais conhecida e mais percebida.

Já pelo lado das organizações, é fato que, quase sempre, o Marketing é reduzido a aspectos da Comunicação de Marketing (o P de Promoção), que inclui a Publicidade (e outros como Relações Públicas, Eventos, Mídias Sociais etc.). Por vezes, profissionais de agências, ou que atuam no Digital, tendem a dizer: "trabalho com Marketing", ainda que, na verdade, sua atuação seja limitada a gerir anúncios de Google ou da Meta. Adicionalmente, o vocabulário popular também induz ao vínculo com a área de Vendas. Por exemplo, se alguém te chama para que você apresente seus produtos na empresa, é provável que o fulano diga algo como "aí, você vai lá na firma, faz o teu Marketing..." ou ainda, ao se referir que uma pessoa é um bom vendedor, por vezes diz algo como "nossa, ela é muito boa em Marketing!".

Mas de onde vem essa confusão toda?

As origens dessa problemática remetem a momentos anteriores ao nascimento formal da disciplina de Marketing. A prática da publicidade é muitíssimo antiga, e as vendas – prática ainda mais remota – já existiam há muitos milhares de anos. Talvez por estarem há tanto tempo em nosso cotidiano, a prática de ambas também evoluiu rapidamente e, já em meados do século XIX, havia uma vasta sorte de livros sobre a "Profissão de Vendas[7]". Logo nas primeiras décadas do século seguinte, somaram-se outras tantas publicações sobre técnicas de publicidade.

Contudo, vale destacar que esses livros eram escritos por profissionais essencialmente **práticos**, ou seja, pessoas que trabalhavam como vendedores ou publicitários e redigiam manuais nos quais compartilhavam suas próprias experiências e visões sobre o que era importante para vender mais e ser um vendedor de sucesso.

Basicamente, o que esses pioneiros faziam era redigir o processo que cada um deles próprios utilizavam para ser bem-sucedidos nas vendas. Mais para o final dos anos 1800, começaram a surgir outras tantas obras sobre Publicidade; também redigidas por praticantes, como guias ou manuais de boas práticas[8].

Apesar de a nossa disciplina ter nascido em 1902, os pioneiros do Marketing eram quase todos economistas. E o que os fez migrar da Economia para fundar um novo campo do conhecimento foram questões ou problemas ligados à **distribuição** de produtos agrícolas – ou seja, o P de Praça/Ponto. Pelos primeiros 20 ou 30

---

7 Uso "Profissão de Vendas" em uma tradução livre. O termo comum em inglês (particularmente nos livros da época citada) é *Salesmanship*, e há dezenas de publicações com o termo no título, especialmente entre o finalzinho do século XIX até os anos 1920.

8 Havia algumas exceções, pois acadêmicos e praticantes de psicologia também escreveram muitos livros sobre Publicidade e Vendas. Os psicólogos aproximaram-se desse mundo por conta de suas competências e interesses em compreender o comportamento das pessoas acerca de estímulos publicitários e de argumentos de vendas.

anos do século passado, os "avós" de nossa área foram delineando melhor o campo, buscando traçar princípios e compor conceitos específicos de Marketing.

Ao passo que a corrente acadêmica do Marketing nascia, em paralelo os vendedores e publicitários práticos continuavam a publicar suas recomendações. Por estar ainda em um momento, digamos, frágil, quando as bases da disciplina estavam a surgir, até a década de 1920 a literatura não acadêmica de Publicidade e Vendas seguiu crescendo. Foi somente a partir de então que a ciência de Marketing passou a gozar de alguma solidez, de forma que os caminhos entre livros de práticos e livros de acadêmicos bifurcaram-se e seguiram seus próprios rumos. Ambas, prática e academia, seguiram convivendo, e a literatura dos dois lados continuou a se avolumar.

Atualmente, mais do que em qualquer outro momento da história, o Marketing é mais visível, perceptível, pelas pessoas. A palavra Marketing inevitavelmente ainda remete a Publicidade e a Vendas, mas também recebe conotações mais distorcidas, podendo ser interpretada até mesmo como mentira (como em "Será que isso que o Fulano disse é verdade ou é só Marketing?").

Não penso que essa ignorância generalizada seja algo com que você deva se irritar nas suas atividades profissionais. Eu mesmo, embora seja mais exigente com os conceitos no papel de educador, quando atuo como consultor junto a empresas, não fico sendo chato corrigindo o cliente em qualquer deslize. Normalmente, é desnecessário ou improdutivo. Você não precisa ter essa preocupação de apontar erros a qualquer transeunte que se equivoca...

Porém, para elevar seu nível em Marketing e se diferenciar no mercado, é importante estar sempre muito consciente de que, tanto Publicidade quanto Vendas, ambas estão inseridas dentro do Marketing. Mais do que isso, podemos buscar os livros-texto mais básicos para constatar que as duas áreas são elementos integrantes do Mix Promocional.

Por exemplo, as obras *Princípios de Marketing* (Kotler e Armstrong, 2023) e *Administração de Marketing* (Kotler e Keller, 2019) trarão capítulos dedicados ao Mix Promocional e seus diversos elementos, tais como Publicidade, Vendas Pessoais e Promoção de Vendas.

O Mix de Comunicação, vale lembrar, é **apenas um** dos 7 Ps, de forma que seguir trabalhando o Marketing em sua empresa como se apenas essa pequena parte (Publicidade e Vendas) da disciplina importasse é uma enorme miopia.

> Os 7 Ps foram propostos por Bitner e Booms em 1981, como uma leitura adaptada do modelo gerencial usado em nossa área (o Marketing Mix), especialmente a empresas de serviços. Os 7 Ps incluem os 4 Ps já existentes desde 1960 (a saber: Produto, Preço, Praça, Promoção) e acrescenta outros 3 Ps: Pessoas, Processos e Evidências Tangíveis (esse último, do inglês, *Physical Evidences*).

Para finalizarmos este capítulo, vale lembrar de uma das primeiras definições de Marketing da história, que dizia que Marketing é tudo o que precede as vendas e a publicidade (Butler, 1917). Ou seja, mesmo ANTES de chegarmos aos esforços comerciais mais diretos, há muitas outras atividades necessárias, muitas definições importantes, tais como: qual público queremos atender, com quais produtos podemos servir nossos clientes, quanto irá custar o produto, como vamos distribuir, quem são os concorrentes que vão nos atrapalhar, entre diversas outras questões.

Portanto, guarde esta mensagem: ainda que o seu foco (ou o do departamento de Marketing) seja em Vendas e/ou Publicidade, é fundamental ter uma visão muito mais ampla e sistêmica acerca das responsabilidades, funções e atividades do Marketing.

CAPÍTULO 7

POETA, ESCRITOR E... MARQUETEIRO

*As rosas não falam
Simplesmente, as rosas exalam
O perfume que roubam de ti*

Cartola

Fernando Pessoa, possivelmente, é o poeta português mais conhecido no mundo inteiro. Na maioria das escolas de países lusófonos, os textos de Pessoa frequentemente são usados em aulas de Português ou de Literatura. Acredito que você poderá se lembrar do poema "Mar Português" (Pessoa, 1934):

> Ó mar salgado, quanto do teu sal
> São lágrimas de Portugal!
> Por te cruzarmos, quantas mães choraram,
> Quantos filhos em vão rezaram!
> Quantas noivas ficaram por casar
> Para que fosses nosso, ó mar!
> Valeu a pena? Tudo vale a pena
> Se a alma não é pequena.
> Quem quer passar além do Bojador
> Tem que passar além da dor.
> Deus ao mar o perigo e o abismo deu,
> Mas nele é que espelhou o céu.

O interessante e curioso, porém, é que os talentos criativos e literários de Pessoa foram muito além de seus famosos poemas. Desde jovem, segundo aponta Ferreira (1985), teve contato com os vastos conteúdos sobre comércio, vendas e publicidade produzidos por norte-americanos, incluindo os escritos de William James, "pai" da psicologia nos Estados Unidos.

> Não era incomum haver escritores ou poetas que redigiam peças publicitárias na época. Mesmo antes dos exemplos de Pessoa, importantes nomes da literatura brasileira também atuaram com Publicidade, como Casemiro de Abreu e Olavo Bilac e, posteriormente, Orígenes Lessa e Monteiro Lobato.

Uma das principais contribuições do poeta aos primórdios do Marketing em Portugal talvez tenha sido a criação do primeiro slogan da Coca-Cola no país, em 1927 ou 1928, quando o refrigerante tentou iniciar suas operações em território português: "Primeiro estranha-se. Depois entranha-se". Mesmo tendo sido veiculado por pouquíssimo tempo, o slogan pegou de forma tão certeira a sociedade portuguesa que eventualmente se tornou um ditado popular.

O refrigerante era algo bastante novo, com um sabor diferente de tudo o que havia no mercado da época. Porém, a autoridade de Saúde de Lisboa considerou a bebida potencialmente tóxica e vetou a comercialização do produto, de maneira que somente cerca de 50 anos depois a empresa de fato iniciou suas operações em Portugal.

Nas suas contribuições como publicitário, Fernando Pessoa chegou a fazer trabalhos para empresas de diversos setores e produtos: automóveis, eletrodomésticos, tintas e artigos de moda. Atuou também na primeira agência de publicidade portuguesa, a Empresa Técnica Publicitária (ETP), além de ter assinado trabalhos para a J. Walter Thompson.

> A J. Walter Thompson é reconhecida como a agência de publicidade mais antiga do mundo, tendo sido fundada em 1864 nos EUA. A empresa também foi a primeira agência publicitária a se instalar no Brasil, em 1926. Em 1987 foi comprada pelo britânico WPP Group e, desde 2018, após uma fusão com outra agência, passou a se chamar Wunderman Thompson.

A influência de manuais de vendedores e publicitários dos Estados Unidos sempre esteve presente e claramente refletida nas ideias de Pessoa sobre as práticas comerciais. Em um de seus textos, o escritor destaca a importância de "conhecer a índole dos compradores", o que seria importante "para saber qual a melhor forma de apresentar, de distribuir e de publicitar o artigo". E, no mesmo texto, vai além, apontando sua visão de que todo comerciante "tem o dever de estudar psicologicamente, e um a um, os agrupamentos humanos a que destina seus artigos" (Pessoa, 1926, p. 2).

Como você irá perceber, ao trazer a preocupação acerca de separar os compradores em "agrupamentos humanos", Pessoa demonstra uma sólida consciência sobre o conceito de Segmentação.

Para além dos mares publicitários...

A proximidade de Pessoa com o mundo da Publicidade não se dava apenas por seu dom de escrever. Na verdade, dos 15 aos 16 anos, Fernando Pessoa estudou em uma escola técnica de comércio, a Durban Commercial High School, na África do Sul, onde passou parte de sua adolescência e juventude. Na escola de Durban, ele cursou disciplinas sobre temas como: guarda-livros, aritmética comercial e correspondência comercial.

Já definitivamente de volta em Portugal, com 17 anos, Pessoa trabalhou em diversos escritórios comerciais e de contabilidade, escreveu cartas comerciais para empresas estrangeiras (por exemplo, nos Estados Unidos e na Inglaterra), criou mais de uma empresa e tentou trabalhar com importação e exportação de produtos, além de empreendimentos na área de mineração e na venda de patentes.

No entanto, talvez o elo mais forte entre Pessoa e as práticas de Marketing esteja evidenciado em seus mais de 600 textos categorizados como de "Comércio e Indústria" pela Biblioteca Nacional de Lisboa, especialmente os que publicou em um projeto de sua própria criação e edição, a revista *Contabilidade e Comércio*, publicada entre 1926 e 1930. A revista era um produto de sua empresa, Olisipo, que almejava atuar como editora, livraria, importadora e na organização e venda de patentes.

As possibilidades a se explorar dentro do guarda-chuva "Fernando Pessoa e Marketing" são imensas. Pelo momento, convido o leitor interessado a se aprofundar em alguns dos principais estudiosos que abordaram elos entre os escritos de Pessoa e teorias de diversas disciplinas do mundo dos negócios.

Nesse sentido, vale destacar o livro do jornalista português Antônio Mega Ferreira, de 1986 – *Fernando Pessoa, o Comércio e a Publicidade* –, que é uma das primeiras e mais referenciadas obras dentro da temática. Em outros exemplos interessantes, Gustavo Franco (2007) abordou aspectos ligados a economia e gestão em sua obra sobre verbetes contemporâneos e ensaios empresariais do poeta.

Já Gabriela Gammp (2020), em sua dissertação de mestrado com o tema *Era Fernando Pessoa um pensador de Marketing?*, fez elos entre textos do escritor português e o Mix de Marketing. E, em mais uma recomendação, Gabriela Gammp e João Felipe Sauerbronn (2021) trataram, em um artigo, de questões ligadas a segmentação de mercado, comportamento do consumidor e impactos do macroambiente.

Todos esses autores, em menor ou maior grau, também traçam paralelismos com algumas temáticas genéricas sobre comércio e gestão nas obras de Fernando Pessoa.

Adicionalmente, deixo um convite para você ir diretamente às palavras originais do escritor e poeta português, online e gratuitamente, no site Arquivo Pessoa (arquivopessoa.net).

CAPÍTULO 8

COMO SURGIRAM OS FAMOSOS PS DO MARKETING

Diversidade é o aspecto que misturamos juntos para obter inovação. E inovação é o que leva a novos produtos e novas soluções.

Rosalind Brewer

Os Ps do Marketing são o paradigma dominante em nossa disciplina. Para muitos, Marketing é mesmo sinônimo dos 4 Ps: Produto, Preço, Praça e Promoção, que são também conhecidos como Mix de Marketing, Marketing Mix ou Composto de Marketing.

Ao contrário do que se difunde em sites, blogs, redes sociais e até mesmo em cursos universitários, os Ps não foram criados por Kotler, embora talvez ele tenha sido essencial na disseminação do conceito mundo afora. Na verdade, a história dos Ps é quase tão antiga quanto a história da disciplina e, não à toa, ao longo do tempo, o que chamamos de Gestão de Marketing tenha praticamente se tornado sinônimo dos 4 Ps.

Já na primeira década do século XX, vários pioneiros tentavam identificar quais elementos compunham o Marketing, com o objetivo de dar mais clareza à disciplina e a facilitar os profissionais a gerenciar melhor suas atividades de Marketing. As obras seminais *Marketing Methods* (Butler, 1917), *The Elements of Marketing* (Cherington, 1920) e *Marketing Problems* (Copeland, 1920) já traziam questões de Marketing que ainda hoje fazem parte dos Ps, como Vendas Pessoais, Publicidade e Distribuição.

Em 1948, Culliton foi feliz ao dizer que os profissionais de Marketing são como chefs de cozinha, que precisam combinar os ingredientes corretos de forma a superar seus concorrentes. O gestor de Marketing, segundo Culliton, era um *"mixer of ingredients"* ou, um "misturador de ingredientes" (p. 6).

A ideia de Mix (mistura) estava posta e não tardou para outro grande acadêmico, Neil Borden, cunhar, em uma apresentação em um congresso em 1958, o termo "Marketing Mix", ao se referir aos elementos necessários à gestão de Marketing. Faltava, ainda, chegar a um consenso, a um modelo satisfatório que apontasse exatamente quais deveriam ser os ingredientes necessários ao Marketing Mix e quais eram as características de cada um deles.

No meio dessa belíssima batalha de ideias, Jerome McCarthy foi quem passou aos registros da História do Marketing ao definir, de uma vez por todas, o modelo que nós utilizamos nas empresas e passamos em salas de aula no mundo todo até os dias de hoje. Em 1960, McCarthy cunhou e eternizou os 4 Ps (Produto, Preço, Praça e Promoção) em seu livro *Marketing Básico*.

Os outros Ps do Mix

Nos anos que se sucederam, o campo de Marketing de Serviços também se desenvolveu, e os 4 Ps claramente não eram suficientes para gerenciar o Marketing em organizações de serviços. Sendo assim, em 1981, Mary Jo Bitner e Bernard H. Booms propuseram uma revisão ao modelo do Mix.

Em adição a apontar como os 4 Ps (Produto, Preço, Praça, Promoção) deveriam ser adaptados para a gestão de serviços, os autores incluíram três novos elementos: Pessoas, Processos e Evidências Tangíveis[9].

Ambos os modelos, 4 Ps e 7 Ps, como você terá percebido, levaram décadas para serem pensados, propostos e validados cientificamente. O longo processo contou com grandes pensadores do Marketing, além de pesquisas solidamente respaldadas. Por conta disso, é óbvio pensar que não basta se sentar num bar, pensar em Ps e dizer que o mundo mudou.

Mesmo Kotler viu suas ideias alcançarem pouca receptividade quando tentou propor novos Ps (como Poder e Política, por exemplo). Na edição mais recente do livro *Administração de Marketing*, Kotler e Keller (2019) propõem uma (ainda mais) nova abordagem aos Ps, que entendem ser uma "versão mais moderna" (p. 28) para a gestão de Marketing. Segundo os autores, os novos Ps seriam: Pessoas, Processos, Programas e Performance.

---

9   Em inglês, *People, Processes, Physical Evidences*. Para se referir a esse último P, há autores que adotam termos como Tangíveis ou Palpáveis.

Na prática e na sala de aula, entretanto, o que se percebe é que profissionais, alunos e professores seguem a ter o clássico Mix de Marketing como a base de sustentação do ensino e da gestão de Marketing.

Assim, não caia em cilada! Apesar de haver novas propostas para o Mix de Marketing, sigo acreditando que os Ps são **sete** (ou quatro, se optar por ignorar os Serviços). Qualquer outra proposta poderá se revelar como reflexo de ignorância ou vaidade.

CAPÍTULO 9

O MÍNIMO NECESSÁRIO PARA SE TRABALHAR COM MARKETING

Simplicidade é a sofisticação máxima.
Leonardo da Vinci

Desde os primeiros passos como estagiário, depois como executivo e finalmente como consultor, meu foco sempre foi atuar com grandes empresas e multinacionais, e me atraiam especialmente desafios de projetos multipaíses (fiz muitas coisas no âmbito da América do Sul ou da América Latina, por exemplo). Contudo, naturalmente reconheço que a vasta maioria das organizações (certamente nos países lusófonos) é composta de micro e pequenas empresas. No Brasil, por exemplo, das cerca de 22 milhões de empresas do país, quase 99% são consideradas de micro ou de pequeno porte, incluindo os 14 milhões de microempreendedores individuais (MEI)[10]. Em Portugal, esse número é similar: são 96% de microempresas e 3,3% de pequenas[11].

Apesar de serem numerosas, estas organizações têm recursos muito escassos, particularmente no que diz respeito ao acesso a capital para investimentos – ou mesmo capital de giro, algo ainda mais estrutural para o bom funcionamento da empresa. Normalmente, dadas as limitações, as micro e pequenas tendem a se concentrar em vender, pouco se preocupando com outros aspectos de Marketing. Não raro, "Marketing" é sinônimo de gastar dinheiro e desperdiçar os já raros recursos da organização, ao passo que o departamento "Comercial" (ou de Vendas) é o coração da empresa.

Assim, sempre que meus alunos vêm perguntar sobre como trabalhar corretamente o Marketing em suas empresas menores, ou mesmo sobre fazer um Planejamento Estratégico de Marketing na Era Digital (PEMD) para seus clientes, também micro ou pequenos, minha recomendação é que foquem seus esforços naquilo que chamo de **Ecossistema Mínimo de Marketing**.

---

10   Dados do segundo semestre de 2023, de acordo com pesquisa do Sebrae – Serviço Brasileiro de Apoio às Micro e Pequenas Empresas
https://agenciabrasil.ebc.com.br/economia/noticia/2023-07/micro-e-pequenas-empresas-criam-sete-de-cada-10-empregos-no-pais

11   Dados de dezembro de 2023, de acordo com o Pordata – Estatísticas dobre Portugal e Europa
https://www.pordata.pt/portugal/pequenas+e+medias+empresas+em+percentagem+do+total+de+empresas+total+e+por+dimensao-2859-248025

Esse conceito ajudará você a pensar e a tomar decisões em seus trabalhos junto às empresas de porte menor, ou àquelas com muitas limitações de recursos. É algo como: ainda que esteja a trabalhar com uma organização bem pequenina e ainda que ela tenha pesadas restrições financeiras ou de outros recursos, não há como fazer um bom planejamento (ou qualquer atividade de Marketing!) sem considerar, minimamente, três elementos essenciais: Segmentos, Produtos e Concorrentes.

1 – Segmentos

Sim, as organizações têm diversos segmentos com os quais trabalha ou poderia, potencialmente, vir a trabalhar. Entretanto, as micro e pequenas empresas não têm condições de contemplar muitos segmentos em suas atividades, de maneira que é preciso ser inteligente e direcionar os esforços. Assim, a ideia aqui é seguinte: mesmo que sua empresa não saiba ou não tenha condições de fazer uma boa segmentação, busque sempre se focar em, minimamente, dois grupos: **seus clientes atuais e seus prospects**. E, preferencialmente, nessa ordem de prioridade.

Carrego sempre essa mentalidade comigo, seja em meus projetos ou em clientes, e percebo como o foco em **retenção** traz bons resultados. No Marketing Elevation, por exemplo, os alunos atuais sempre têm privilégios: ficam sabendo sobre novos cursos antecipadamente, podem se matricular de forma prioritária, têm descontos exclusivos, recebem materiais extras de estudos regularmente, acessam diretamente os professores e a equipe, entre outros benefícios. Como resultado, mais de 20% dos alunos compram mais de um curso e mais de 30% compraram o mesmo curso em mais de uma ocasião. Além disso, a taxa de devolução/reembolsos fica abaixo de 1%, e o NPS (índice que mede a satisfação do cliente) da escola permanece estável entre os 90% e 94%, desde que a medição passou a ser feita, em 2020.

O seu cliente de hoje é, no mínimo, tão importante quanto o de amanhã. Lembre-se: "o propósito do negócio é **atrair e manter clientes**" (Levitt, 1983, p. 100). Trabalhe, sim, na atração de novos clientes – mas dedique-se em dobro para manter aqueles que já estão com você. Além disso, é dever do profissional de Marketing absorver o máximo de informações que ele conseguir sobre o público e seu comportamento. O que eles compram, os motivos da compra, onde vivem, o que fazem etc. Quanto mais aprender sobre seus clientes, mais fácil e provável será manter os atuais e atrair mais e melhores novos clientes de cada segmento.

2 – Produtos

Agora que você está focado em seus clientes (manter atuais e atrair novos), precisa olhar para a **oferta** que irá entregar. Seus produtos e/ou serviços devem ser adequados aos segmentos prioritários, com posicionamento e diferenciais que sejam percebidos e valorizados pelos clientes.

O que você vende? Por que você vende? Qual o potencial desse produto/serviço? Por quanto vende e qual sua margem? Como será consumido? Onde será comprado? Se você souber responder a essas perguntas – e, sim, há tantas outras mais – você estará mais consciente acerca de sua oferta, do ponto de vista do Marketing. Isso é ainda mais fácil de ser executado em micro e pequenas empresas, que normalmente têm um rol mais reduzido de produtos e de clientela.

Para otimizar seu trabalho como estrategista, foque os produtos que vendem em maior volume e os que proporcionam maior margem de lucro. Considere, inclusive, a possibilidade de avaliar e, eventualmente, descartar os demais.

Esteja atento a uma ressalva importante: o comportamento do cliente organizacional não é equiparável ao do consumidor individual. Ou seja, se seu foco for em mercados B2B (Business-to-Business), tenha em mente que as compras organizacionais tendem a ser mais racionais, mais técnicas, descentralizadas e coletivas (Kotler e Keller, 2019).

3 – Concorrentes

O mundo da empresa seria um mar de rosas se houvesse apenas esses dois componentes no Ecossistema Mínimo de Marketing: clientes e produtos... O que você quer agora é fazer esse casamento, esse *match:* juntar sua oferta com seus segmentos focais de compradores. O problema é que, infelizmente, o casório não é tão simples... mesmo que essas duas partes performem lindamente seus papéis, há um terceiro elemento que vai tentar impedir, de todas as formas, que essa união aconteça: a **concorrência**.

Costumo repetir algo que aprendi de um de meus professores mais marcantes, Colin Gilligan, que nos lembrava sempre: "você precisa ser paranoico em relação à concorrência". Portanto, você deve conhecer de perto e monitorar **sistematicamente** a competição. Busque entender fatores tais como: o que os competidores vendem, por quanto, onde vendem, para quem vendem, como comunicam suas iniciativas, como é a atenção que dão aos clientes, como funciona o suporte/pós-vendas, entre outras questões relevantes.

A lógica de ter esses três elementos essenciais no Ecossistema Mínimo de Marketing é simples: você quer que algum determinado grupo de pessoas (seus segmentos focais) compre seus produtos. Essa ponte, s**egmentos > produtos**, seria mais direta, simples e suave se não fosse a intervenção dos **competidores**. Por isso, não há hipótese de se trabalhar em qualquer organização, de qualquer setor, sem estar atento ao Ecossistema Mínimo de Marketing.

Independentemente da sua área de atuação, tamanho da empresa, maturidade em Marketing... se você não tiver clareza na definição de qual será seu segmento focal (e compreender suas motivações, características e expectativas), dedicação quanto às decisões básicas acerca do produto (diferenciais, preço, como irá vender etc.) e sem um conhecimento mínimo sobre seus concorrentes (quem são, o que fazem, em que são melhores/piores que você), será tarefa hercúlea ter sucesso em seus empreendimentos.

CAPÍTULO 10

MOMENT OF TRUTH: A HORA DA VERDADE

O que você faz, faz toda a diferença, e você precisa decidir que tipo de diferença você quer fazer.

Jane Goodall

É provável que você já tenha ouvido falar na Hora da Verdade (ou Momento da Verdade), principalmente se atuar na área digital. A expressão vem do inglês *Moment of Truth* (MOT). Em 2011, o Google ajudou a popularizar o conceito quando publicou seus estudos sobre o que chamou de ZMOT, o Momento-zero da Verdade (do inglês, *Zero Moment of Truth*). Apesar de terem feito uma importante contribuição para ajudar os profissionais de Marketing a entender e trabalhar melhor no ambiente online, lamentavelmente, o Google não menciona de onde tirou essa ideia, tampouco se aprofunda no conceito em si.

Em uma altura em que a Experiência do Cliente se torna tão importante – quase um mantra entre os praticantes de Marketing –, entender o que são os Momentos da Verdade é condição fundamental para ter sucesso em suas ações ligadas não apenas à experiência de seus *stakeholders*, mas também nas jornadas e funis que eventualmente você for conceber e implementar.

O termo "Momento da Verdade" foi cunhado por Jan Carlzon (1989[12]), empresário sueco que estudou na excelente Escola de Negócios de Estocolmo, além de ter sido CEO da Scandinavian Airlines (SAS), uma empresa de referência em serviços ao cliente, à época. Em seus estudos, provavelmente teve contato com professores como Bertil Ohlin, Gunnar Myrdal (ambos prêmios Nobel), além de influentes teóricos de campos como Economia, Sociologia e História.

Ou seja, Carlzon era indubitavelmente muito bem-preparado e familiarizado em relação aos ensinamentos de Gestão, Economia e Marketing. Segundo a ideia lançada pelo sueco, sempre que a empresa interage com o cliente, está acontecendo um MOT. Vale ressaltar que essa interação pode se dar por qualquer um que represente a empresa (funcionário, terceirizado, parceiro, representante, humano, robô, algoritmo etc.).

---

12 Deixei aqui a referência de 1989 por ser a edição do livro que consultei, em inglês. Entretanto, é importante destacar que o termo "Hora da Verdade" foi originalmente criado por Carlzon na primeira edição de seu livro, em sueco, publicado quatro anos antes, em 1985.

Embora tenha sido o criador do termo, Carlzon não trouxe a ideia de Momento da Verdade do nada. Antes dele, a academia já tratava da importância das interações diretas entre organizações e seus clientes. Em minhas pesquisas, identifiquei que houve um grande interesse de acadêmicos pelo assunto no início dos anos 1980. Um dos marcos do tema surgiu em 1985, por meio de três acadêmicos de peso: Czepiel, Solomon e Surprenant organizaram o livro *The Service Encounter*, que traz 21 artigos de renomados estudiosos, exclusivamente tratando de temáticas referentes aos Encontros de Serviços.

O **Encontro de Serviços** é, na verdade, a base fundamental para os modelos utilizados atualmente de Jornada do Cliente e de Experiência do Cliente. Entretanto, na compreensão e utilização desses dois conceitos, normalmente o prático, que tende a desconhecer a literatura científica de Marketing de Serviços, chama as interações entre a empresa e o cliente, os Encontros de Serviços, de pontos de contato (em inglês, *touch points*).

É importante dominar muito bem o Encontro de Serviços não apenas por sua importância no sucesso de todo o relacionamento e na experiência de seus clientes, mas porque o conceito irá perdurar, mesmo em um mundo cada vez mais populado por robôs e IAs. Independentemente de ser um humano, um robô com forma física ou um algoritmo, qualquer um desses poderá representar a empresa ao interagir com o cliente, que, por sua vez, irá contrastar suas expectativas com as percepções da interação e eventualmente irá decidir se ficou satisfeito ou não, e até mesmo se está mais ou menos propenso a ser fiel à marca.

Por outro lado, há a visão de que, como nem todo ponto de contato é igualmente significativo para o cliente (Wirtz e Lovelock, 2022), então somente alguns, aqueles cruciais ou de alto impacto para a experiência do cliente, devem ser considerados momentos da verdade (Weber e Chatzopoulos, 2019).

Na prática, quando for desenhar uma jornada ou bolar formas de melhorar a experiência de seus clientes, comece por mapear – identificar – os principais momentos em que há alguma interação importante com o cliente. Depois, ajuste eventuais gargalos e desenhe formas de potencializar o encontro. Avalie suas ações e repita os passos.

Fecho este capítulo com Brown e seus coautores (1994), que parecem ter vislumbrado o futuro quando estimaram que, conforme as expectativas dos clientes fossem evoluindo, os funcionários que têm contato com o público iriam assumir, cada vez mais, o papel de consultor e vendedor.

Na dinâmica atual do mercado, dado o aumento da concorrência e com os negócios tão dependentes de colecionar métricas sobre o cliente, as organizações de fato passam a ver os funcionários não apenas como "consultores-vendedores" fazendo o que é chamado de "vendas consultivas", mas também como fontes valiosas de dados sobre desejos e inclinações dos clientes, além de guardiões da fidelidade com os mais relevantes *stakeholders* da empresa.

Essa nova dinâmica, acredito, dá ainda mais peso para os Encontros de Serviços e à necessidade de o profissional compreender muito bem o que são os Momentos da Verdade, seus desdobramentos e impactos em toda a experiência do cliente.

CAPÍTULO 11

EXPECTATIVAS X PERCEPÇÕES: A GUERRA NA MENTE DO CLIENTE

Promessas são uma maneira específica dos humanos de encomendar o futuro.
Hannah Arendt

Costumo dizer aos meus alunos para nunca se esquecerem deste fato: sempre que o cliente for interagir com a marca (comprar, reclamar, visitar o site, engajar nas redes sociais etc.), ele vai fazer uma espécie de "cálculo" na cabeça, contrastando suas expectativas (o que ele espera receber da empresa) versus as percepções (daquilo que ele *acha* que recebeu da empresa). O confronto Expectativas x Percepções estará presente regularmente ao longo de todo relacionamento entre o cliente e a organização.

Note que destaquei a palavra *acha*. Isso para reforçar que, quando se trata das **percepções**, não importa o que você, a empresa, *pensa* que entregou, mas sim o que o cliente entende, percebe, *acha* que recebeu em uma determinada interação. A percepção do cliente em relação a uma marca é central na definição e avaliação do valor percebido pelo cliente (Izquierdo-Yusta *et al.*, 2021). Na visão de alguns dos principais nomes de Marketing de Serviços (por exemplo, Wirtz e Lovelock, 2022), a percepção é um conjunto de opiniões e impressões que os clientes têm em relação à qualidade e ao valor de serviços que eles recebem.

Já a questão das **expectativas** é ainda mais complexa. As expectativas interferem em como o consumidor irá avaliar sua experiência com a marca (Weber e Chatzopoulos, 2019) e, por isso, não importa se a organização conhece ou não as expectativas do cliente, e nem mesmo se o próprio cliente está consciente do que ele espera. Independentemente de qualquer coisa, o cliente sempre terá expectativas; **sempre**. E as expectativas irão variar de cliente para cliente e de momento para momento.

Imagine, por exemplo, que você terá uma aula hoje. Queira ou não, conscientemente ou não, você criará expectativas acerca da aula (o conteúdo, o formato, o que você vai aprender, como será o nível dos colegas de sala etc.). Conforme for "consumindo" a aula, fará um contraste entre aquilo que você esperava *versus* aquilo que você acha/entende que recebeu naquele serviço. Se amanhã você tiver novamente uma aula com o mesmo docente, da mesma matéria, em um mesmo curso e na mesma escola, suas expectativas poderão ser diferentes das do dia anterior, mas o processo central será o mesmo:

você terá expectativas e avaliará o serviço que recebeu de acordo com suas percepções da aula.

Por isso é tão importante conhecer as expectativas do cliente. Uma vez que, inevitavelmente, para avaliar se o serviço é bom ou não, se está satisfeito ou insatisfeito com uma interação com a empresa, o consumidor irá fazer esse cálculo: o que eu esperava receber *versus* o que eu percebi/acho que recebi.

Como conhecer as expectativas do cliente?

É interessante perceber que as organizações parecem ter medo de refletir sobre quais expectativas seus clientes têm. Acreditam que as expectativas "serão extravagantes ou fantasiosas, abrindo caminho para entregas irreais ou inalcançáveis" (Zeithaml, Bitner e Gremler, 2014, p. 66). Entretanto, é algo bem mais simples do que parece.

As expectativas mínimas do cliente tendem a ser as mais fundamentais e serão amplamente influenciadas pelas promessas da empresa. Em outras palavras, o cliente tende a esperar tão somente aquilo que **você mesmo** disse para ele esperar (de acordo com suas mensagens, e-mails, seus posts, site, *social ads*, reuniões, apresentações, folders...). Assim, se você diz que irá entregar um relatório para o cliente com os pontos A, B e C analisados até a próxima quinta-feira, é justamente isso que ele irá esperar (que você faça o que prometeu e entregue no prazo que você mesmo deu).

Portanto, o que as organizações devem fazer é simplesmente assegurar que estão fazendo **promessas que poderão cumprir**. Antes mesmo de se preocupar em investimentos em pesquisas para se conhecer mais das expectativas do público, faça o dever de casa e revisite aquilo que sua empresa já está prometendo.

Na verdade, não é algo complicado. Por exemplo, segundo Zeithaml, Bitner e Gremler (2014), o básico, o mínimo esperado na prestação de uma consultoria é que o consultor seja competente e educado, explique os problemas, mantenha o cliente informado, seja um parceiro dele, e seja flexível. Ou seja, independentemente de o consultor conhecer ou não as expectativas pormenorizadas de um cliente, pode já se basear em aspectos básicos, como ser cortês, respeitoso e manter comunicações regulares.

Faça um teste simples você mesmo. Da próxima vez em que quiser ir a um restaurante, ou pedir comida por aplicativo de delivery, repare nas fotos do menu e faça o contraste entre a promessa, que irá gerar certas expectativas em você, e o prato que chegará à sua mesa.

A descrição e a imagem da comida, juntamente com o preço do prato, o ambiente do restaurante, o atendimento, o tempo que ficou na fila de espera, entre outros fatores, tudo isso irá formar suas expectativas. Ao receber o pedido, reflita se sua percepção quanto ao que foi entregue está dentro daquilo que você esperava. Não raro, a discrepância chega a ser tanta que até parece que você pediu um prato totalmente diferente!

CAPÍTULO 12

VERGONHA ALHEIA...

Eu não falhei. Só descobri 10.000 maneiras que não funcionam.
Thomas Edison

Sabe esse sentimento, quando alguém fala ou faz uma besteira tão imensa que você fica envergonhado pela pessoa? Pois bem, passei por alguns desses momentos ao longo de minha carreira e estive em situações delicadas (aquelas "saias justas") por conta de executivos ou professores relevantes, de Marketing (!), proliferando algumas atrocidades sobre seu próprio campo de atuação.

Talvez um dos mais traumáticos momentos de vergonha alheia tenha acontecido há alguns anos, quando fazia um trabalho para uma multinacional europeia ajudando-os em sua presença na região da América Latina. Penso que me marcou por ter sido um trabalho muito bom e significativo para mim, e pela situação em questão ter ocorrido em uma importante reunião, junto com a CMO (*Chief Marketing Officer*) e o CEO (*Chief Executive Officer*) para a região. O erro em pauta foi particularmente surpreendente; inesperado.

Bem, fato é que estávamos nessa reunião e, em dado momento, a CMO apresentou uma Matriz SWOT que ela havia produzido. A ideia da executiva era expor o Plano de Marketing que havia montado para os próximos dois anos. Ocorre que, para além de outras falhas mais compreensíveis, a CMO trocava, com frequência, **Forças** por **Oportunidades**! Essa é uma questão muito básica da SWOT e parto do princípio de que a grande maioria dos que atuam com Marketing saibam a distinção. Não dá para errar! Até porque, quando for estudar sobre a SWOT, é bem possível que leia alguma coisa como "os principais erros da SWOT" e, certamente, essa já é uma falha conhecida, aceita como normal para aquele que está tendo seu primeiro contato com o modelo. Jamais a falha deveria vir de uma profissional experiente e de alto cargo em uma organização multinacional.

A SWOT pode ser um pouco capciosa, é verdade. Por exemplo, a minoria dos profissionais de Marketing faz as derivações táticas da SWOT utilizando o *framework* TOWS (também conhecido como SWOT Invertida, Cruzada ou Dinâmica), e é muito comum ver os itens que compõem os quadrantes da matriz serem propostos de modo preguiçoso, sem fundamentação ou até mesmo sem coerência com o que se observou nas auditorias do Diagnóstico inicial do processo de Planejamento Estratégico de Marketing. Entretanto, o erro da CMO era básico demais...

Voltando ao caso, após a executiva soltar a pérola, houve um silêncio ensurdecedor na sala. O CEO se recostou na cadeira e começou a cofiar sua espessa barba (figuraça, lembrava o Capitão Haddok, dos livros do Tintim – e eu gostava muito dele, muitíssimo bem-preparado). Ele olhava para o slide com a matriz, olhava para a CMO, para mim... e eu fiquei sem saber o que fazer! Partindo da premissa de que o CEO sabia desenhar uma SWOT, imaginei que, se deixasse aquela atrocidade passar batida, o chefão teria dois problemas graves: sua responsável por Marketing, que era incapaz de apresentar uma SWOT decente, *e mais* o consultor, ambos agindo como amadores e que o deixavam sem chão. Por outro lado, caso eu apontasse o erro, para além de poder soar desrespeitoso, ainda poderia me queimar com a CMO, a pessoa que não apenas tinha me contratado, mas era minha principal interface na empresa e a dona de meu contrato.

Assim, com muuita delicadeza, bem suave, apontei algo como:

— Bem, posso estar equivocado na minha interpretação, ou não ter entendido alguma coisa... mas imagino que talvez você, Fulana, possa ter se confundido... Veja, esse ponto aqui é algo interno, diz respeito a uma qualidade que a empresa tem. As Forças, e as Fraquezas também, são frutos das análises de elementos internos à organização. Já as Oportunidades e as Ameaças refletem o que é observado no ambiente externo, ou seja, fatores que estão lá fora, extrínsecos à empresa.

O pior é que continuei! Engatei o turbo e segui a explicação:

— Veja, a SWOT é uma espécie de clímax e o momento de organizar o que você encontrou no Diagnóstico. Em Oportunidades ou Ameaças estarão o que você analisou no ambiente externo, incluindo o macroambiente (com o PESTEL), e outros agentes externos, como concorrentes, fornecedores e os próprios clientes. Já com o que você viu na análise Ambiente Interno, ou seja, o que está *na/dentro da* organização, isso tudo irá alimentar as Forças ou Fraquezas...

Novo silêncio (para mim, aquele *gap* desconfortável durou uma eternidade!).

Na sequência, a executiva olha para mim, intrigada, abre a boca e levanta o dedo. Gelei! Imagine, questionar a CMO, com mestrado e MBA na Europa, e ainda na frente de seu CEO! "Pronto, perdi o contrato", pensei. Mas, antes que a fulana pudesse falar qualquer coisa, veio o chefe e falou "Eu acho que o homem está certo!".

Ufa! ;-)

Essa foi mais uma das incontáveis situações que vivenciei ao longo da carreira que me mostraram o quanto faz diferença real, palpável, dominar os conceitos de Marketing e estudar cada vez mais nossa disciplina, desde a história das práticas e do pensamento de Marketing, até os modelos utilizados pelas organizações no mundo dos negócios. Perceba que, mesmo em questões simples, ainda há muita confusão e ignorância pelo mercado. Ao capacitar-se de verdade em Marketing, você estará sempre seguro em suas entregas e seus relacionamentos com os diversos *stakeholders* com os quais interagir.

Ah, e no final da história, tudo ficou bem...

A CMO foi humilde, aberta e flexível. Ela reconheceu o equívoco e mostrou-se entusiasmada em aprofundar seus estudos sobre Marketing. Por uns tantos meses, até chegarmos ao término previsto do contrato, atuei como uma espécie de mentor, orientando-a sobre seus *gaps* e potenciais caminhos de estudos. Hoje ela é CMO de uma das principais marcas do Setor Financeiro no mercado europeu e atua baseada em Londres.

CAPÍTULO 13

PARECE MARKETING, MAS NÃO É

Saber o quanto falta saber é o princípio de aprender a viver.

Dorothy West

Ao longo da história do Marketing, a disciplina recebeu inúmeras contribuições de uma vasta sorte de estudiosos de diversas outras áreas do conhecimento. Ora, o próprio Marketing parece ter nascido da Economia e/ou da Psicologia, e logo em seus primeiros anos já tinha estreitos vínculos com Sociologia, Geografia, Antropologia e Estatística, entre tantas outras (Sheth e Parvatiyar, 1995).

Esse aspecto multidisciplinar certamente resulta em confusões no campo do Marketing, que vão desde a definição e o propósito da área, até a aplicação de modelos conceituais que foram criados em outra disciplina, para outro propósito, mas são rapidamente assimilados por profissionais e acadêmicos de Marketing. No meio disso tudo, não raro os que atuam e estudam Marketing pensam que um determinado autor ou ideia é proveniente de nossa disciplina, quando na verdade não é.

Por exemplo, Peter Drucker é comumente associado ao Marketing, chegando mesmo a ser classificado como um dos fundadores da disciplina. Drucker era economista, e seu foco principal era na área de Gestão. De fato, ele foi autor de diversos textos em Marketing, além de uma famosa frase, verdadeira e muito útil à nossa área: "Toda organização é (em primeiro lugar) uma organização de Marketing". Drucker queria mostrar que, independentemente daquilo que a empresa venda, seu foco principal deveria ser no Marketing. Em outra máxima, o autor diz que o Marketing de sucesso "torna o esforço de vendas supérfluo" (Drucker, 1975).

Drucker talvez tenha sido um dos primeiros gurus modernos e tinha a prática de cunhar frases de efeito genéricas e subjetivas, que iriam ser facilmente repetidas por executivos no mundo todo. Essa simplificação de problemas e questões complexas, bem como a sistemática criação de falácias empresariais, rendeu muitas críticas ao guru (veja, por exemplo, Sugathan, 2018; Secchi, 2004) e é perceptivelmente refletida nos gurus modernos (Wood Jr. e Paula, 2002).

De todo modo, ainda que você goste, acredite ou siga os ensinamentos de Peter Drucker, ele não era de Marketing, mas de

Gestão/Administração. Embora tenha, sim, publicado textos sobre nosso campo, não era esse seu foco, nem foi o que o fez ganhar ampla popularidade desde os anos 1960.

Em outro exemplo comum, confundido como um dos pioneiros e mais relevantes pensadores de Marketing de todos os tempos, Michael Porter também não é originalmente da nossa área. Este, na verdade, é até mais distante do Marketing do que Drucker. Porter também era economista, e na maior parte de sua carreira focou a Estratégia Corporativa.

Os profissionais de Marketing confundem-se por conta de, por exemplo, o Modelo das Cinco Forças, que é uma das teorias mais ensinadas e utilizadas em estratégias de empresas no mundo todo. Como não é incomum até os dias de hoje, por conta de ignorância e/ou preguiça, profissionais de Marketing indiscriminadamente se apropriam de conceitos e modelos de outras áreas para usar em suas empresas.

Em ainda mais um exemplo, vale destacar um caso de um pensador da área de psicologia, Abraham Maslow, "pai" do modelo conhecido por Pirâmide de Maslow, que trata da hierarquia das motivações humanas. Atualmente, muitos profissionais de Marketing têm contato com a pirâmide em posts de gurus que tratam de funis ou de comportamento do consumidor. Não raro, esses profissionais acabam achando que a tal pirâmide, ou o próprio Maslow, são de Marketing.

> Maslow, curiosamente, não desenhou ou sequer mencionou uma pirâmide em seu artigo original, *A Theory of Human Motivation*, de 1943. Essa ideia foi incorporada ao conceito anos depois, por outra pessoa.

Para encerrar os vastíssimos casos, trago à tona um exemplo mais recente: as **Personas**. A ideia surgiu com Allan Cooper, um informático nos anos 1980, que precisava entregar um programa de computador para um cliente. Cooper achou que as Personas ajudariam na comunicação com os funcionários da empresa e na consecução do projeto. Na década seguinte, a ideia foi apropriada pelas agências de publicidade e rapidamente proliferada no meio gurútico. Hoje, criticar o modelo chega a soar como heresia para larga maioria dos praticantes de Marketing, especialmente os da área digital, que enxergam as Personas como a base estrutural das atividades que performam diariamente.

Claro que não penso que seja necessariamente errado ou ruim haver trocas e até apropriações entre diferentes áreas do conhecimento. Na verdade, a característica de multidisciplinaridade do Marketing é um dos fatores que deixa nossa área tão rica e tão importante para as organizações. Mais que isso, fique à vontade para usar qualquer uma das teorias que mencionei aqui, sendo elas de Marketing ou não – eu certamente adoro o efeito das frases de Drucker!

A questão é que, para você conseguir se diferenciar em um mercado cada vez mais homogêneo, nivelado por baixo, e com poucas barreiras de entrada, você precisa se destacar da massa. Eduque-se para compreender mais sobre os conceitos com os quais trabalha, evite ser um mero repetidor de mensagens superficiais e eleve seu patamar em Marketing.

CAPÍTULO 14

ONDE ESTUDAR MARKETING DE VERDADE?

Nada na vida deve ser temido, apenas compreendido. Agora é hora de compreender mais, para que possamos temer menos.

Marie Curie

A cada dia que passa, mais alunos e mais colegas professores e de mercado vêm me perguntar sobre onde podem buscar informações de qualidade em Marketing; "Marketing de verdade! Sem ser nesses sites de gurus, blogs populares e pseudo-profissionais que sequer sabem definir o que é Marketing".

Fico muito feliz não apenas pelo fato de virem eventualmente pedir sugestões a mim, mas muito mais contente porque está claro que há um crescente interesse, uma **sede**, por estudos sérios, estruturados e científicos em Marketing. Então, vou dividir aqui algumas recomendações para seu aprimoramento. Em duas frentes.

Primeiro, vou falar de algumas referências de **mercado** e, na sequência, passarei sugestões **acadêmicas**. Por conta das limitações do livro, não vou entrar em eventuais ressalvas, nem mesmo aprofundar cada recomendação. Podem seguir essas sugestões e certamente estarão em um caminho mais sólido e confiável.

Marketing de verdade – Conteúdo de MERCADO

As publicações que aqui classifiquei como de "mercado" são aquelas direcionadas aos não acadêmicos, como profissionais de empresas, de agências, consultorias e empreendedores.

Apesar de o foco de seu conteúdo ser no "mundo prático", em muitas ocasiões os materiais são escritos por consistentes acadêmicos e refletem pesquisas e estudos científicos, além da experiência prática de seus autores. Entretanto, o interessante é que, propositalmente, oferecem textos mais curtos e mais palatáveis para o público executivo. São conteúdos mais leves, prescritivos e focados em aplicações práticas.

→ ***Harvard Business Review (HBR)*** – a revista da Harvard University para assuntos sobre negócios, incluindo muito conteúdo específico de Marketing. Os textos são escritos tanto por acadêmicos quanto por praticantes, mas a publicação é voltada para profissionais de mercado. Nasceu em 1922, dentro da Escola de Negócios de Harvard, que foi berço de pioneiros do Marketing, como Harold Maynard e Paul Cherington. Diversos outros ícones das áreas do Marketing e Gestão também assinaram conteúdos na *HBR*, tais como Jack Trout, Philip Kotler, Michael Porter, C.K. Prahalad, entre tantos outros. Muitos clássicos de Marketing foram publicados na revista, incluindo o megafamoso "Miopia de Marketing" (*Marketing Myopia*), de Theodore Levitt, de 1960.

→ **MIT Sloan Management Review** – similar à *HBR*, esta é a publicação do MIT (Massachusetts Institute of Technology, nos EUA) sobre gestão, também com muitos materiais exclusivos de Marketing. A publicação já é mais recente do que a *HBR*, tendo nascido em 1959. Em ambos os casos, aliás, você consegue acessar os artigos gratuitamente, basta fazer seu cadastro nos sites. Adicionalmente, recomendo a *MIT Technology Review*, a publicação sobre tecnologia mais antiga do mundo (desde 1899). Dada a crescente integração entre Marketing e Tecnologia, a revista do MIT cada vez mais tem trazido conteúdo relevante aos profissionais de Marketing. Melhor ainda, a partir de 2020, a *MIT Tech Review* passou a oferecer versões em português, incluindo matérias originais sobre os mercados lusófonos e colaboradores brasileiros de peso, tais como André Miceli, Rafael Coimbra, Marcos Facó e Adriano Ueda.

→ **Associações Profissionais de Marketing** – há associações profissionais de Marketing em diversos países. Por vezes, são instituições que contribuem nada ou perto de nada para o mercado e profissionais da área, e mais parecem um grupinho de amigos do que uma organização verdadeiramente preocupada e útil para a classe que representam. Entretanto, posso destacar positivamente o trabalho das associações de Marketing no Reino Unido e nos EUA. Ambas contribuem fortemente para o Marketing, inclusive com muito conteúdo gratuito e de qualidade que poderá lhe beneficiar.

O Chartered Institute of Marketing (CIM) é a associação profissional de Marketing do Reino Unido. Sua chancela é reconhecida como o principal selo de Marketing da União Europeia (Williams, 2010). O conteúdo é muito rico (cursos, artigos, pesquisas, vídeos) e uma inquestionável referência de qualidade.

Já nos Estados Unidos, a American Marketing Association (AMA) tem um leque vastíssimo de opções para o profissional de mercado, com cursos, certificações, material para download e muitos artigos.

A AMA também tem importantíssimo papel na academia desde seu nascimento, em 1937. Os exemplos são vastos, dos quais destaco a criação do *Journal of Marketing* (o mais antigo e um dos mais importantes periódicos científicos em Marketing), a proposição de diversas importantes definições de Marketing (a mais atual, de 2017), vários livros (como o Dicionário de Termos de Marketing, de 1995), além de promover eventos, cursos, premiações, patrocinar pesquisas, entre tantas outras atividades.

Além das três recomendações anteriores, você também encontra muito material atualizado e de altíssima qualidade nos sites/blogs de grandes empresas de consultoria e de institutos de pesquisa. Eu acompanho e assino as *newsletters* da McKinsey, Deloitte, BCG, Accenture e Forrester (nessa ordem de preferência). Há ainda outras sugestões de empresas/institutos de pesquisa, como o Gartner, e alguns focados específica ou majoritariamente em Marketing, como o e-Marketer. Por fim, confira também os conteúdos de especialistas como Dave Chaffey[13] e Mark Ritson[14].

---

13 Britânico, Chaffey é professor em diversas universidades, possui cursos e chancelas do Chartered Institute of Marketing, é autor de vários livros publicados internacionalmente e é o criador do SmartInsights.com.

14 Ritson é australiano, doutor em Marketing pela Lancaster University (UK) e pós-doutor na Wharton School (EUA). Tem uma visão crítica em relação ao Marketing; particularmente ao Marketing Digital. Para além dos conteúdos, é possível fazer um "mini-MBA" ministrado pelo professor.

Marketing de verdade - Conteúdo CIENTÍFICO

Nesta parte, aponto onde você terá acesso a materiais acadêmicos e científicos, ainda que você não esteja vinculado a qualquer universidade. Seja buscando diretamente em canais e perfis de acadêmicos (como no caso do YouTube ou redes sociais como ResearchGate, Google Acadêmico ou Academia.edu) ou em portais de *Open Access* (acesso livre, aberto) de revistas e eventos acadêmicos. Veja a seguir:

→ **YouTube** – sim, é possível ter muito conteúdo acadêmico de primeiríssima linha em vídeos no YouTube. Curiosamente, você perceberá que os canais de grandes referências na disciplina são pouquíssimo acessados, têm poucos inscritos, *likes* e comentários (um bom ponto para reflexão, aliás!). Independentemente de sua baixa popularidade, todos os vídeos são deliciosas aulas com verdadeiros ícones do pensamento de Marketing. Procure, por exemplo, pelos seguintes canais: Jochen Wirtz, SERVSIG, Jagadish Sheth, Seth Godin e o canal da American Marketing Association.

→ **DOAJ** – apesar de ser mais conhecido pela sigla, o exemplo aqui é do *Directory of Open Access Journals*. A plataforma compila textos científicos de mais de 130 países, em 80 idiomas (incluindo o português), oferecendo milhões de artigos e pesquisas de acesso aberto. Em um teste simples que fiz em junho de 2024, procurando pela palavra "Marketing", o *DOAJ* retornou com quase 70 mil publicações de 1961 a 2024 (inclusive). É uma boa opção se você prefere ler textos em português e sem qualquer custo.

→ **Journals** – se quiser ir mesmo lá no topo, a recomendação é que estude pelos melhores periódicos científicos da área (coloquei o ranking das publicações no quadro seguinte). Essas revistas concentram o que há de mais novo e relevante na disciplina de Marketing, e seus textos são guias que orientam o futuro do Marketing, provocando reflexões ou compartilhando pesquisas com financiamentos milionários. Em alguns casos, você terá acesso à parte do conteúdo, ou até ao conteúdo na íntegra. Vale complementar, há também boas recomendações em língua portuguesa, como a *ReMark* (Revista Brasileira de Marketing) e a *Rimar* (Revista Interdisciplinar de Marketing), que, em 2001, se tornou a primeira revista acadêmica no Brasil dedicada exclusivamente à disciplina de Marketing.

RANKING DOS MELHORES *JOURNALS* DE MARKETING DO MUNDO[15]:

- → *Journal of Marketing*
- → *Journal of the Academy of Marketing Science*
- → *Journal of Marketing Research*
- → *International Journal of Information Management*
- → *Marketing Science*

Se você não encontrar o que deseja nas fontes citadas acima, tente buscar pelo perfil dos autores do ResearchGate.net, Google Acadêmico ou no Academia.edu. Eu prefiro o primeiro e você pode começar suas buscas pelos pensadores que eu sigo lá no ResearchGate. De todo modo, acompanhe meus canais, pois frequentemente trago recomendações de publicações e autores relevantes para o Marketing e o mundo dos negócios.

Sei, e entendo, que muitos leitores terão pouca familiaridade com textos acadêmicos. Entretanto, acredite quando digo que o conhecimento científico vai abrir muito a sua mente; ajudará você a desenvolver um senso crítico e a ser muito mais exigente e criterioso em suas práticas profissionais.

Pense que é como se vacinar contra a pandemia de fake Marketing que incrementalmente vem sufocando nosso mercado e nossa disciplina. Vai lhe fazer um bem danado.

---

15 Fonte: *Scimago Journal and Country Rank* – segundo trimestre de 2024
    https://www.scimagojr.com/journalrank.php?area=1400&category=1406

CAPÍTULO 15

O BASICÃO DO MARKETING

A educação não muda o mundo. A educação muda as pessoas. As pessoas mudam o mundo.

Paulo Freire

Em nossa área, o livro mais básico, e certamente o mais vendido e utilizado em universidades em todo o mundo, é o *Administração de Marketing*, inicialmente escrito por Philip Kotler e, a partir da 12ª edição, em 2006, passou a ser coautorado por Kevin Keller.

A obra foi publicada pela primeira vez em 1967, e em 1974 já ganhou uma edição brasileira, em três volumes, com o selo da Editora Atlas. O clássico foi lançado em dezenas de países (além de EUA e Brasil, está no Reino Unido, Japão, Canadá, na China, França, Itália, Índia, Austrália, Alemanha, Rússia, entre tantos outros) e atualmente, na versão em português, está em sua 15ª edição[16], lançada em 2019.

> A edição russa, lançada em 1980, é repleta de curiosidades e polêmicas. Por exemplo, por cerca de uma década, a obra de Kotler foi a única sobre Marketing em russo. Por um lado, apesar de agentes do governo soviético usarem os ensinamentos de Kotler em empresas estatais, ministérios e em institutos de pesquisa. Por outro, o livro chegou a ter diversos trechos censurados e seu acesso foi restrito durante muitos anos (Fox *et al.*, 2008).

Muito dificilmente você encontrará alguém envolvido com Marketing que não tenha ouvido falar no *Administração de Marketing*, e também é provável que estudantes, profissionais e professores afirmem que já leram o material. Entretanto, se isso fosse verdade, se de fato quem trabalha ou estuda Marketing tivesse **realmente lido** ao menos esse livro – mas lido mesmo, estudado –, estaríamos bem melhor do que estamos hoje.

Minha sugestão é que primeiro reflita e seja honesto consigo mesmo ao se fazer a seguinte pergunta: você REALMENTE conhece, leu, estudou e entendeu o basicão do Marketing?

---

16 A 16ª edição, de 2021, é a global (mais compacta e com foco internacional), coautorada também por Alexander Chernev.

Pela minha experiência, tendo colecionado cerca de 25 mil alunos em mais de duas décadas como educador, é que quase sempre (literalmente, quase em todos os casos) a resposta é "não". Em geral, é algo como "não, mas eu já consultei algumas partes que precisei usar...".

Portanto, a mensagem aqui é: o Administração de Marketing não é o único e talvez não seja o melhor livro de Marketing que há por aí. Mas sem dúvidas é uma brilhante compilação geral da disciplina, um sobrevoo sobre os principais pontos acerca da gestão de Marketing. Além disso, é um conteúdo útil para consultas, que você irá revisitar regularmente para sanar dúvidas e solidificar seus conhecimentos. É um investimento importante, que deve ser consumido mandatoriamente por todos que almejam ter sucesso em Marketing, além de você ter uma fonte segura, sólida, sempre ali a mão para eventuais consultas.

Sobre seu conteúdo, em linhas gerais, o livro começa com uma base em Marketing e em importantes conceitos que devem ser muito bem compreendidos (como Valor, Mercado, entre outros). Depois, trata do Comportamento do Consumidor, passa pelo processo de planejamento em Marketing, aborda Branding e aprofunda-se em cada um dos Ps de Marketing (com capítulos dedicados às decisões de Produto, Preço, Praça/Distribuição e Promoção).

Em meus cursos de Marketing (Fundamentos de Marketing, Essenciais de Marketing, por exemplo), eu tomo como base os pontos principais do clássico de Kotler e Keller. De maneira similar, em muitos outros cursos meus, quando preciso fazer um nivelamento à turma, também me apoio no basicão. Ah! E por ser uma leitura simples e acessível, ocasionalmente recomendo alguns trechos a clientes, para que entendam um pouco mais sobre a área.

É aquele tipo de "manual" super útil, seguro, que não tem erro – ajudará você em muitos momentos, por muitos anos. Vale reforçar, no entanto, estude de verdade; ainda que seja uma única leitura na íntegra, mas estude. Dedicadamente!

E uma nota final

Apesar de o *Administração de Marketing* ser, indubitavelmente, o livro mais conhecido em nossa disciplina, é importante destacar que Kotler tem outra obra básica, **Princípios de Marketing**, cuja edição mais recente disponível no Brasil, a 18ª, foi lançada em março de 2023.

Por trazer os conceitos estruturais da área, seus fundamentos mais nucleares, o livro deveria ser estudado, idealmente, antes de o aluno entrar no Kotler e Keller (*Administração de Marketing*), que é focado na *Gestão* do Marketing. Penso que, para ser um melhor gestor de qualquer área, é importante dominar seus princípios mais basais o quanto antes.

Assim, após terminar esse nosso livrinho aqui, faça um favor a si mesmo: pegue a obra de Kotler e Keller, comece na página um e vá até o final. Ao longo da leitura, mesmo sendo um basicão, sem grandes aprofundamentos, você indubitavelmente já sentirá a diferença entre seu conhecimento e o dos demais profissionais do mercado.

CAPÍTULO 16

OUTROS BASICÕES DE SUBÁREAS DE MARKETING

Educação é para se melhorar a vida de outros e para deixar sua comunidade e o mundo melhores do que você os encontrou.

Marian Wright Edelman

O famoso basicão da nossa disciplina, aquele livro que todo mundo que estuda ou trabalha na área deveria ao menos conhecer, é o *Administração de Marketing*, de Kotler e Keller. Mas, em outras partes do Marketing também há os tais basicões. São livros que servem não apenas para uma boa introdução àqueles que desconhecem o assunto, mas também para solidificar os fundamentos de profissionais mais experientes e servir para consultas sempre que você precisar.

Dito isso, compartilho algumas sugestões que certamente ajudarão e alavancarão sua carreira. Sempre que possível, preferi dar recomendações de livros em suas edições em português[17].

Sobre Marketing de Serviços

Para além do peso dos serviços nas economias de muitos países, renomados acadêmicos têm pregado que, cada vez mais, o ambiente competitivo se dará sob as regras, ou diretrizes, de Marketing de Serviços. Portanto, é essencial saber sobre as expectativas e percepções do cliente, como serviços são comprados e avaliados, como podemos gerir e mensurar serviços, entre outras questões. Provavelmente, você já atua em serviços. Mas, ainda que não o faça, dentro de sua organização, seu trabalho assemelha-se ao de um prestador de serviços (por exemplo, no atendimento dos clientes internos ou na gestão de relacionamento com os *stakeholders* da empresa). Portanto, se não teve contato com essa área antes, comece seus estudos de Marketing por aqui.

→ **Minha sugestão de basicão**: *Marketing de Serviços: a empresa com foco no cliente* (Zeithaml, Bitner e Gremler, 2014)

→ **Alternativa**: *Services Marketing: people, technology, strategy* (Wirtz e Lovelock, 2022)

---

17 A referência completa dos basicões sugeridos pode ser conferidas no rol de materiais que disponibilizei online para você.

Sobre Comportamento do Cliente

Em 2020, convidei o professor norte-americano Eric Shaw para dar uma palestra à minha turma de mestrado, no IPAM, em Portugal. Ao responder a uma aluna, Shaw disse que "tudo em Marketing deve sempre estar focado no cliente; as decisões devem ter como ponto de partida e objetivo central, o cliente". É exatamente isso! Saber como o cliente toma suas decisões de compra, o que o faz consumir serviços, por que escolhe um produto e não outro, o que o leva a ser fiel a uma marca... quanto mais aprendermos sobre nossos clientes, mais chances temos de alcançar sucesso na empresa.

→ **Minha sugestão de basicão**: *Comportamento do Consumidor: comprando, possuindo, sendo* (Solomon, 2016)

→ **Alternativa**: *Customer Experience* (Newman e McDonald, 2023)

Sobre Marketing Digital

Na minha visão, os livros de Marketing Digital são mais recomendados para quem está realmente iniciando a jornada na área e precisa de uma visão geral sobre os mais relevantes aspectos específicos do ambiente digital. Se você já atuar na área e tiver alguma experiência, valerá mais a pena buscar livros de temas bem mais afunilados, como obras com foco exclusivo em *Data Analytics* ou CRO (*Conversion Rate Optimization*), por exemplo. Porém, se está começando no tema ou busca conteúdos generalistas e confiáveis sobre Marketing Digital, penso que as recomendações a seguir serão muito úteis.

→ **Minha sugestão de basicão**: *Digital Marketing Excellence: Planning, Optimizing and Integrating Online Marketing* (Chaffey e Smith, 2022)

→ **Alternativa**: *Marketing Digital: conceitos e práticas* (organizado por: Yanaze, Almeida e Yanaze, 2022)

Sobre Marketing de Conteúdo

O conteúdo será um meio vital na captação, conversão e retenção de clientes. Ou seja, será algo de extrema utilidade para um sólido trabalho de Marketing. A despeito dos avanços das inteligências artificiais e seus impactos na produção e gestão de conteúdo, ter uma base sólida no tema continuará sendo um diferencial. Por sorte, temos ao menos dois excelentes especialistas lusófonos, incluindo o maior nome da atualidade em Marketing de Conteúdo (Rafael Rez) e o único brasileiro a integrar o Hall da Fama do Content Marketing Institute (Cássio Politi).

→ **Minha sugestão de basicão:** *Marketing de Conteúdo* (Rez, 2016)

→ **Alternativa:** *Content Marketing MasterClass: lições de conteúdo na Era Digital* (Politi, 2020)

Sobre Comunicação de Marketing

A Comunicação de Marketing é a área que se dedica ao P de Promoção, e inclui elementos do on e do offline, como Relações Públicas, Marketing Direto, Eventos e todas as formas de Publicidade. Como, na maior parte dos casos, os profissionais de Marketing focam mais na à Promoção, pode ser relevante você compreender mais sobre a Comunicação de Marketing. Particularmente nos dias de hoje – e cada vez mais, tendo o ambiente Digital recebido tanta atenção e recursos por parte das organizações, os profissionais tendem a estudar mais a Comunicação Digital (redes sociais, mídia online, e-mail marketing, sites, landing pages etc.) do que quaisquer outros aspectos da Comunicação de Marketing. Com isso, torna-se ainda mais importante que você vá além e enxergue as possibilidades de uma forma bem mais ampla.

→ **Minha sugestão de basicão:** *Marketing Communications: touchpoints, sharing and disruption* (Fill e Turnbull, 2019)

→ **Alternativa:** *Comunicação Integrada de Marketing* (Rocha e Trevisan, 2018)

Sobre Marketing de Relacionamento

É curioso notar que as empresas se preocupem tanto com engajamento nas redes sociais e com a experiência do cliente, mas ignorem largamente os preceitos mais rudimentares do Marketing de Relacionamento. Esses dois exemplos, bem como diversos outros empreendimentos em Marketing, são baseados em relacionamento, e por isso me questiono como uma empresa quer ter maior engajamento e ser bem-sucedida na tal "Experiência do Cliente" se não sabe o que significa forjar, fomentar e nutrir verdadeiros relacionamentos duradouros e mutuamente benéficos com seus clientes? Acredito que não há muita saída: cada vez mais as empresas precisarão ter fortes elos com seus públicos, com vistas a mantê-los comprando mais e com mais frequência, distanciando-os da concorrência.

→ **Minha sugestão de basicão**: *Marketing de Relacionamento Total* (Gummesson, 2010)

→ **Alternativa**: *Marketing de Relacionamento* (Alves, Ferreira Jr. e Rolon, 2023)

> Apesar de Gummesson ser consagrado como o "papa" do Marketing de Relacionamento, o conceito foi utilizado pela primeira vez por Leonard Berry, em um artigo publicado no *Journal of Marketing*, em 1983. Interessantemente, foi também Berry o criador do termo Marketing Interno, cunhado dois anos antes, em 1981.

Sobre Planejamento Estratégico de Marketing

Conforme as soluções de inteligência artificial (IA) prosperarem e se popularizarem, as atividades operacionais serão cada vez mais executadas por algoritmos. Por exemplo, tarefas ligadas à produção, edição e publicação de conteúdo e de mídia já são executadas por robôs em consultorias, agências e empresas. Com a popularização do ChatGPT, em 2022, e o lançamento de outros *players* a partir de 2023, acho que o futuro está mais claro, e as iniciativas tático-operacionais de Marketing serão executadas por algoritmos; ora com pouca, ora com nenhuma intervenção humana.

Atividades corriqueiras, como gestão de redes sociais ou de e-mail marketing, já são parcialmente automatizadas há alguns anos. Mais recentemente, a Meta passou a oferecer opções em que você pode deixar a inteligência artificial tomar as decisões de mídia por você. Isso significa que, a depender de seu foco profissional (das atividades que você faz em sua empresa), você não vai ter chance em termos de produtividade e performance, quando comparado a uma IA. Nesse cenário, é questão de **sobrevivência** na carreira, que você se desenvolva e esteja muito seguro em questões ligadas a Estratégias de Marketing.

Em 2023, lancei meu livro *Metodologia PEMD – Planejamento Estratégico de Marketing na Era Digital*, que vem sendo adotado em cursos de universidades no Brasil e em Portugal, bem como utilizado por executivos, consultores e agências. O livro aborda o passo a passo da Metodologia PEMD, a mesma metodologia que adoto junto a meus clientes, em projetos internacionais e que é ensinada em diversos cursos de graduação, pós, MBA e mestrado em várias instituições de ensino. A Metodologia PEMD traz muito das inspirações de ambos os livros que recomendo aqui:

→ **Minha sugestão de basicão**: *Strategic Marketing Planning* (Gilligan, Wilson e Hines, 2023)

→ **Alternativa**: *Marketing Plans: Profitable Strategies in the Digital Age* (McDonald, Wilson e Chaffey, 2024)

Acredito que, se você estudar por qualquer um desses livros, irá crescer muito em Marketing (e o melhor: com muita segurança!). Conseguirá ter sólidos fundamentos nos campos mais relevantes de nossa disciplina, aprendendo com grandes autores e tendo a certeza de que o conhecimento que está adquirindo é das melhores e mais confiáveis procedências.

Naturalmente, há mais áreas dentro da disciplina de Marketing, mas também tentei reduzir a lista a apenas alguns dos principais desdobramentos de nosso segmento. Se quiser saber mais de outras recomendações minhas sobre os basicões e demais livros relevantes em Marketing, acompanhe meus canais online.

CAPÍTULO 17

BRANDING – FORJADO A FERRO E FOGO

Aquilo que não me mata me torna mais forte.
Friedrich Nietzsche

Dentro da História do Marketing, alguns dos textos que mais me atraem são os que tratam das origens da área de Branding. Acho mesmo interessantíssimas as raízes embrionárias do Branding e espero que você curta também.

Vamos começar com a origem do termo, que não vem do inglês, como comumente se pensa. A etimologia de *branding* nos remete ao holandês antigo e quer dizer tanto "fogo" quanto "maré" ou "espuma"(do mar). Em inglês, a palavra passou a ser usada ao menos desde o século XV, com o significado de "fogo", "destruição por fogo", ou "marcado por fogo".

Essa última conotação – *branding* no sentido de marcar (a ferro quente) – provavelmente nasceu da necessidade inicial de os comerciantes protegerem seus produtos. Assim, marcavam vacas em sua propriedade, porcelana ou barris de vinho que seriam exportados e, viajando ainda mais para o passado, marcavam pessoas escravizadas, que eram consideradas meros produtos de propriedade privada.

Segundo Petty (2013), a ideia era que, caso a mercadoria fosse roubada, seria mais fácil encontrá-la, já que estava marcada permanentemente, apontando o real proprietário. Interessantemente, o termo *trademark* (que é usado até hoje em referência a uma "marca registrada") aparece até mesmo em decisões sobre disputas jurídicas desde ao menos o início do século XIX.

Entretanto, apesar de a palavra, com o sentido próximo ao que adotamos hoje, ter nascido nos anos 1400, a prática de marcar produtos é bem mais antiga. Há milhares de anos, diversos comerciantes já marcavam seus bens com vistas tanto a destacá-los da concorrência ou a chancelar a procedência e a qualidade do produto, quanto para evitar roubos ou falsificações. Há artefatos arqueológicos que sugerem a preocupação consciente de marcação de produtos no Egito Antigo, na Babilônia e na China Antiga, há mais de quatro ou cinco mil anos.

Em minhas pesquisas, tive a felicidade de encontrar a ideia de Branding sendo utilizada no ensino de práticas comerciais; ou seja, entre negociantes e empreendedores que aprendiam sobre o que era

Branding dentro do contexto empresarial, ainda que guardadas as particularidades e diferenças do mercado da época. Esse conhecimento era passado no que seria o "livro texto" principal na Europa para estudos comerciais, publicado na primeira metade do século XVIII, pelo francês Jacques Savary des Brûlons. O livro era sucesso absoluto e foi traduzido para outros idiomas e adotado em diversos países, incluindo Portugal, onde a obra era o livro de referência para alunos da Aula do Commercio.

> A Aula do Commercio é a primeira escola pública do mundo focada em estudos comerciais. Em 1759, a escola foi inaugurada em Lisboa e, no Brasil, teve sua primeira aula no Rio de Janeiro, em 1812, pouco após a transferência da corte de Portugal, por conta da invasão francesa liderada por Napoleão Bonaparte.

O livro *"Dictionnaire Universel de Commerce"* (o primeiro volume do dicionário foi publicado em 1723) parece ter sido o pioneiro a definir o que significava *branding* no ambiente comercial e a elencar as funções de sua prática. No Volume II de sua obra, o autor trata do verbete "marca" (do francês, *marque*):

> Em termos de negócios e manufaturas, marca é relacionado a certos caracteres, aplicados a ou impressas em diversos tipos de produtos. Entre suas funções está dar conhecimento ao lugar onde o produto foi feito, responder em relação à qualidade, mostrar que os produtos foram registrados e inspecionados (des Brûlons, 1742, pp. 1.234-1.235).

O autor dedicou quase oito páginas ao termo, nas quais apresenta uma visão bem sofisticada do papel da marca, ainda que os aspectos e o valor intangível da marca tenham sido formalizados academicamente cerca de dois séculos depois. As definições modernas de marca e de *branding* trazem características similares à proposição visionária do autor francês.

Por exemplo, a definição mais recente da American Marketing Association diz que "marca" (*brand*) é um nome, termo, design, ou símbolo que identifique os produtos ou serviços e, quando a organização define *branding*, atesta que é utilizado para promover a marca no mercado e criar percepções que a diferenciem dos concorrentes. Perceba como des Brûlons também explicita claramente a preocupação do impacto da marca como importante diferencial competitivo ao afirmar que "os homens de negócio colocam suas marcas em seus produtos para diferenciá-los dos produtos de outros" (p. 1.235).

> A American Marketing Association convida, normalmente, um grupo de estudiosos para compor definições de termos importantes de nossa disciplina. Entretanto, a AMA não publica revisões ou novas propostas de definições com frequência. Assim, no exemplo em questão, as definições estão baseadas nas propostas mais atuais da Associação.
> www.ama.org/topics/branding

Com o passar dos anos, e com o aumento do número de empresas e da oferta de produtos no mercado, na primeira metade do século XX, o Branding passou a tomar a forma estrutural mais semelhante ao entendimento que damos atualmente. Elementos como logotipo, embalagem e cores passaram a ganhar relevância e a ser reconhecidos como importantes itens no posicionamento e na diferenciação das marcas de produtos e organizações, como forma de cativar mais clientes e disseminar mensagens ou valores da empresa.

Indo além dos aspectos mais tangíveis, Branding ganhou conotações diversas, representando elementos tais como: a empresa como um todo (Varadarajan *et al.*, 2006), um mitigador de riscos (Kapferer, 1992), como uma imagem na mente do consumidor (Keller, 1993), uma fonte de valor e vantagem competitiva (Aaker, 2022), e como um sistema de identidade, refletindo aspectos da cultura, personalidade, autoproteção, reflexão e relacionamento (Kapferer, 1992; Maurya e Mishra, 2012), entre outras.

Atualmente, a área de Branding tem seus próprios desdobramentos (Personal Branding, Gestão de Reputação, Digital Branding, entre outros) e é extremamente relevante para o Marketing e para qualquer organização. O valor real das empresas é amplamente afetado pelo valor intangível de suas marcas (Aaker, 2022), e há muitas organizações que são exemplares na construção de grandes marcas, tais como Proctor & Gamble, Disney, Google, Microsoft e Nike.

Não à toa, tanto no ambiente profissional quanto no acadêmico, há uma saudável disputa de ideias sobre as diferenças e similitudes entre Marketing e Branding. Questões como "qual área veio primeiro?", "qual é a mais importante para a empresa?", "qual está subordinada a qual?" são algumas das perguntas que inspiram calorosos debates em artigos científicos e posts em redes sociais.

Por um lado, não tenho qualquer dúvida acerca de alguns pontos. Para começar, tanto a prática quanto o pensamento de Marketing são anteriores a qualquer preocupação com Branding. Portanto, a relação é clara: Branding é uma subárea, derivada do Marketing.

Entretanto, olhando sob outro prisma, também entendo que, dentro da empresa, o departamento de Branding é percebido como tendo mais importância para a organização do que o departamento de Marketing. Isso se dá muito por conta da influência das agências de publicidade (que ajudaram a disseminar a ideia, principalmente a partir dos anos 1960); também pela própria conjuntura social e do mercado na atualidade. Mais do que em qualquer outro momento da história, as marcas estão por toda parte e carregam simbolismos que afetam profundamente os indivíduos e as instituições sociais.

Certamente essa "guerra" entre Marketing e Branding sempre rende excelentes debates e provavelmente inspira emoções fortes em muitos profissionais e estudiosos. Sendo honesto, fico curioso em saber como você enxerga esse embate de ideias... será que você tem, digamos, um "lado favorito"?

CAPÍTULO 18

FUNIS EM MARKETING

Em uma época de engano universal, dizer a verdade é um ato revolucionário.

George Orwell

É extremamente provável que você ou trabalhe com, ou ao menos já tenha ouvido falar, dos funis (de Vendas, Marketing, Conversão... há mesmo muitos!). O que talvez você ainda não saiba é que a maioria dos funis adotados atualmente são centenários, mas também há novas possibilidades interessantes que, entretanto, são pouco disseminadas e menos conhecidas.

Em geral, a base dos funis usados em Marketing é o modelo AIDA (acrônimo para Atenção, Interesse, Desejo e Ação), que é bastante antigo e, após nascer na Psicologia, foi adotado por publicitários e vendedores a partir do início do século passado.

A evidência mais antiga sobre funil que consegui identificar em minhas pesquisas é de 1919, em um livro para profissionais de vendas de autoria de James Samuel Knox. O autor ilustra o funil com uma imagem que nos é bem conhecida, refletindo os passos do AIDA. Se fizer um teste agora mesmo, você facilmente encontrará uma infinidade de imagens similares em diversos blogs, redes sociais e em buscas rápidas em qualquer mecanismo de pesquisa.

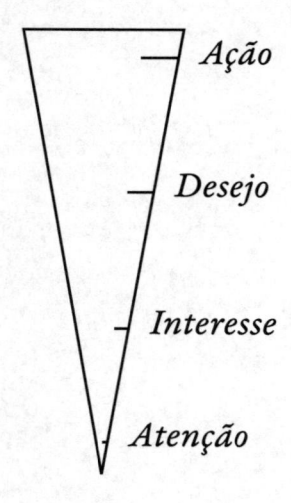

Ação

Desejo

Interesse

Atenção

Fonte: Personal Efficiency (Knox, 1919, p. 158)

Talvez seja possível dizer que a ideia de um funil já poderia estar implícita na ilustração de Knox. Porém, a primeira menção concreta ao termo "funil" que encontrei é de um dos pioneiros da psicologia nos Estados Unidos, Edward K. Strong, que publicou diversas obras sobre Psicologia Aplicada, incluindo textos sobre Vendas e Publicidade. Em um de seus livros, o autor diz:

> A copy [redação publicitária] funciona como um funil, capturando a atenção o tanto quanto possível, e a direcionando para o cupom. (...) se um bom funil for utilizado, o anunciante irá conseguir um grande volume de negócios (Strong, 1922, p. 153).

Entretanto, somente em meados do século XX foi publicada a forma visual de um funil. Em 1949, o consultor de Marketing e Gestão Arthur F. Peterson apresentou a primeira representação gráfica de um funil que parece haver na história, conforme imagem a seguir. Além de fazer clara alusão ao modelo AIDA, Peterson dizia que o vendedor deveria "afunilar" todos seus argumentos até a conclusão da venda.

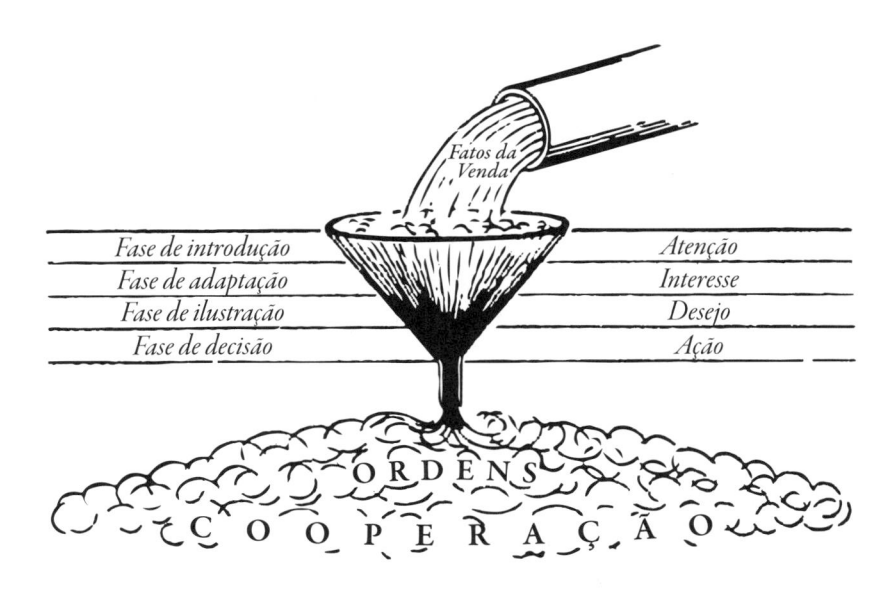

Fonte: *Pharmaceutical Selling, Detailing, and Sales Training* (Peterson, 1949, p. 165)

Apesar de a maioria dos profissionais seguir usando o modelo mais comum do funil, tal qual se fazia há mais de cem anos, ao longo de tempo e conforme o conhecimento sobre o comportamento do consumidor evoluía, houve outras propostas de funis, de forma a se aproximar de modelos mais modernos e mais alinhados com práticas mais atuais de Marketing.

Em 2009, a McKinsey[18], uma das maiores empresas de consultoria do mundo, publicou uma alternativa de funil, tendo em conta as muitas mudanças do cenário empresarial, no perfil do consumidor e nos canais de Marketing (por exemplo, considerando o impacto do Digital na tomada de decisão de compras). No ano seguinte, um artigo na *Harvard Business Review* tratou do funil da McKinsey, dando, de certa forma, mais força e validade ao modelo.

Alguns anos depois, em 2015, a empresa de consultoria fez uma revisão de sua proposta e divulgou uma versão atualizada de seu funil. A McKinsey chamou sua nova criação de "Jornada de Decisão do Consumidor" e defendeu que as empresas poderiam ter mais sucesso se utilizassem seu funil com automações, personalização da jornada e interações mais bem contextualizadas[19].

Em 2021, foi a vez do Google dar sua palavra. A gigante de tecnologia publicou um estudo chamado *Decoding Decisions* (do inglês, "Decodificando Decisões"), no qual afirmava que a vastidão de possibilidades da internet causava o que foi batizado como "*Messy Middle*" (Meio Confuso), dado que os clientes ficam dando voltas e voltas na consideração de diversas alternativas, até eventualmente migrar para a compra. Veja a seguir a ilustração da proposta do Google.

---

18 "*The consumer decision Journey*" (2009)
    https://www.mckinsey.com/capabilities/growth-marketing-and-sales/our-insights/the-consumer-decision-journey

19 "*The new consumer decision Journey*" (2015)
    https://www.mckinsey.com/capabilities/growth-marketing-and-sales/our-insights/the-new-consumer-decision-journey

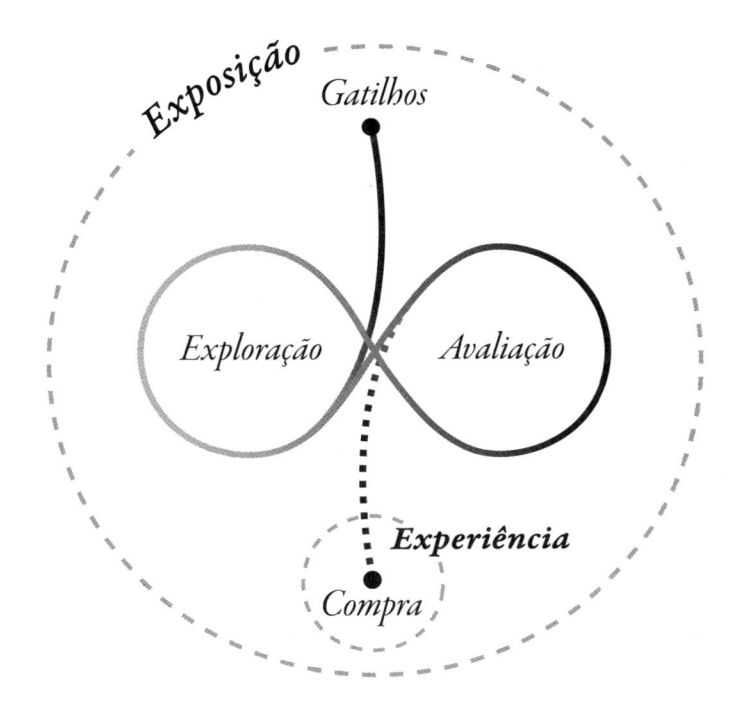

Exposição
Gatilhos
Exploração   *Avaliação*
Experiência
Compra

Fonte: Adaptado de "Decoding Decisions: making sense of the messy middle" (Rennie et al., 2020, p. 18)

Segundo o Google, o momento de Exploração e o de Avaliação (que ficam entre os gatilhos iniciais e a compra em si) é quando o consumidor potencialmente fica dando voltas e voltas, avaliando alternativas, procurando por mais opções, avaliando-as novamente, e segue esse movimento em looping até eventualmente caminhar para a compra. Esse percurso, por vezes longo e confuso, é o que o Google chama de *"Messy Middle"*.

O interessante é que, a despeito da evolução do conhecimento em Psicologia sobre o comportamento e a motivação das pessoas, da ciência por trás dos processos de tomada de decisão, das inúmeras mudanças ambientais (econômicas, sociais, políticas etc.), do avanço vertiginoso das inovações tecnológicas e da globalização dos negócios.

Ainda assim, mesmo em um contexto tão diferente do cenário dos negócios nos Estados Unidos no início do século XX, profissionais seguem usando a base do mesmo modelo centenário. Nem mesmo revisões atualizadas de marcas extremamente bem reputadas como a da McKinsey e do Google foram suficientes para estabelecer algo realmente em harmonia com a dinâmica atual do mercado e dos consumidores.

Bem, agora que passamos brevemente pelas origens dos funis até sugestões mais recentes, propostas por grandes marcas, você claramente terá percebido que ao menos uma coisa segue constante: a base dos funis, tão usados em atividades de Marketing (*i.e.*: Vendas, Publicidade, Produção de Conteúdo), continua sendo o AIDA. Portanto, venha comigo para o próximo capítulo, em que tratarei precisamente desse modelo com mais de cem anos de idade.

CAPÍTULO 19

MODELO AIDA: DO NASCIMENTO OBSCURO A CRÍTICAS DO PRESENTE

As redes sociais deram voz às legiões de imbecis que antes só falavam em bares após um copo de vinho, sem causar dano à comunidade.

Umberto Eco

No capítulo anterior, em que falamos dos funis em Marketing, você viu que AIDA é um acrônimo para "Atenção, Interesse, Desejo e Ação" (do inglês *"Attention, Interest, Desire, Action"*), e também aprendeu que, mesmo atualmente, o modelo mostra-se um popular *framework*, utilizado especialmente por gurus, profissionais do Marketing Digital, vendas e em agências publicitárias e digitais. O AIDA é a base dos funis, outro porto seguro de tantos profissionais e estudantes de Marketing. Ou seja, por mais que você não tenha ouvido falar do modelo AIDA, mas use algum funil em sua empresa, é muitíssimo provável que sua abordagem seja baseada naquele *framework*.

Mesmo que continue sendo visto como um importante modelo para grande parcela do mercado, o AIDA é vastamente ignorado pela comunidade acadêmica. Por exemplo, em uma pesquisa que realizei no segundo trimestre de 2024 em diversas bases de dados científicas, o resultado por buscas ligadas ao AIDA era pífio, com menos de 100 achados. Destes, menos de 10% eram realmente focados no AIDA (a maioria mencionava o termo, apenas), e todos os artigos foram publicados em *journals* de baixa classificação e assinados por autores de baixíssima relevância acadêmica.

Acredito, portanto, que entender o passado do AIDA o ajudará a perceber as razões pelas quais o modelo está ultrapassado e será de pouca utilidade real em seus trabalhos.

Tudo começa nos primórdios da psicologia

Na segunda metade do século XIX, William James, considerado o "pai" da Psicologia norte-americana, dedicou-se ao estudo da **atenção**, um tema central para entender o comportamento humano e suas escolhas.

Em seu trabalho seminal *The Principles of Psychology*, o autor descreve a atenção como a tomada de posse pela mente, de forma clara e vívida, de um entre vários objetos ou pensamentos possíveis (James, 1890). Essa abordagem destaca a importância da atenção e sua influência no que molda nossa mente, experiências e escolhas, fornecendo uma base fundamental para estratégias de Marketing e para um melhor entendimento acerca do comportamento do consumidor.

Muitos dos profissionais de Publicidade à época (do final do século XIX até ao menos a segunda década do século XX) eram treinados em Psicologia (e vários psicólogos atuavam, eles próprios, em Publicidade), de maneira que muitas ideias empregadas nas práticas publicitárias e de vendas na altura foram influenciadas pelas contribuições de James e alguns de seus alunos. Havia muita interação, trocas, conexões, entre publicitários e profissionais de vendas com os praticantes e estudiosos de Psicologia. Nos cursos de psicologia, era comum que os alunos estudassem temas como "Psicologia da Publicidade/Vendas".

Compreensivelmente, com o avanço de conhecimento na Psicologia e o nascimento da disciplina Marketing, o AIDA foi caindo em desuso aos poucos, e a partir do final da década de 1930, alusões ao modelo já quase nem apareciam na literatura de Marketing (Strong, 1925; Bartels, 1976).

Além do amadurecimento do Marketing, é óbvio imaginar que, ao longo dos anos, os conhecimentos da área de Psicologia também tenham evoluído, que o contexto (social, econômico, cultural, político, tecnológico) tenha mudado e, acima de tudo, o perfil e o comportamento do consumidor também mudaram.

Desafios na busca por evidências sobre as origens do AIDA

Há vastíssima informação na internet sobre o AIDA. Foi preciso um gigantesco trabalho para separar o joio do trigo – e os fatos das falácias. Embora tenha avançado muito em algumas questões, parte da história segue sem evidências concretas. Por conta disso, vale listar alguns dos problemas ou falhas que você provavelmente também encontrará ao estudar sobre o tema, particularmente no que diz respeito ao surgimento do termo AIDA representando "Atenção, Interesse, Desejo e Ação".

O entendimento mais aceito aponta que o publicitário Elias Saint Elmo Lewis (1872 – 1948) foi quem criou o AIDA, em 1899, quando sequer havia completado 27 anos de idade. Além da Wikipedia, há vastos conteúdos de gurus populares que repetem a informação sobre a paternidade do modelo. Em minhas dedicadas pesquisas em documentos antigos, buscando sempre fontes originais, não consegui validar nenhuma das possibilidades disseminadas pelos gurus.

Curiosamente, entretanto, o que encontrei foi uma **evidência oposta** à teoria de que foi Lewis a criar o AIDA. E o mais interessante: nos escritos do próprio Lewis! Por exemplo, em seu livro *Financial Advertising,* o autor usa a combinação "Atração, Interesse e Convencimento" (Lewis, 1908, p. 72).

Em minhas pesquisas, o exemplo mais antigo que encontrei, que de fato usa o AIDA de forma muitíssimo próxima a como é usado hoje, foi em um livro sobre Vendas, quando o autor trata do que ele chama de "Processo de Vendas", que seria dividido em "Ganhar uma audiência, assegurar **atenção**, despertar **interesse**, estimular **desejo**, e induzir à **ação**" (Read, 1910, p. 89).

Caos generalizado

Entre o final do século XIX e as duas primeiras décadas do século XX, o que de fato há frequentemente em livros de referência são tentativas de diferentes autores para se chegar a uma fórmula mais eficiente da aplicação de conceitos da Psicologia à Publicidade e às Vendas. Facilmente percebe-se uma espécie de disputa para ver qual seria o modelo mais amplamente aceito pelos publicitários e profissionais de vendas.

Nessa batalha por qual modelo iria "vingar", parece haver um consenso em relação à adoção dos fatores "Atenção e Interesse", enquanto os demais variam de acordo com cada proponente. É possível ver alternativas, tais como (Atenção, Interesse) + Sugestão, Convicção, Convencimento, Confiança, Decisão, Satisfação, Determinação, Indução, Clímax, entre tantos outros.

Curiosamente, essa mistureba era percebida e criticada mesmo à época. Por exemplo, em um livro sobre escrita para negócios, Deffendall comenta, com certa dose de ironia, sobre a bagunça que havia no mercado:

> Você vai aprender que, nas cartas de vendas, uma possibilidade é seguir esses passos: atenção, interesse, desejo, ação. Outro: atenção, interesse, evidência, persuasão, indução e ação. E outro: atenção, explicação, evidência, persuasão. Outro: atenção, interesse persuasão. E ainda mais outro: atenção, interesse, indução etc. (Deffendall, 1922, p. 167).

Ao mesmo tempo que publicitários e profissionais de vendas disputavam qual "AIDA" era o melhor para o sucesso nos negócios, a área de Psicologia também demonstrava críticas aos chamados "processos mentais de vendas" e, particularmente, lançava dúvidas sobre a validade das variações do AIDA.

Um dos professores de Psicologia mais influentes nas práticas de Marketing da época era Edward K. Strong, que lecionava na respeitada Stanford University. No *Journal of Applied Psychology*, o autor escreveu:

> Na cabeça dos vendedores, há muitas teorias sobre como influenciar outros a comprar. Uma delas é expressa em cinco palavras: Atenção, Interesse, Desejo, Ação e Satisfação. Há uma crença implícita que o prospect deve experenciar, conscientemente, todos esses estados (Strong, 1925, p. 75).

O autor ainda aponta uma deficiência na capacidade dos vendedores em conseguir implementar as tais teorias. Segundo ele, o psicólogo é treinado para se distanciar de seu "objeto de estudo" (como um paciente, por exemplo), mas o vendedor tem interesses pessoais que irão influenciá-lo na relação com um potencial cliente (como o produto que vende, a comissão que irá ganhar etc.). Essa dificuldade de se distanciar do prospect, por definição, já dificultaria muito o vendedor em aplicar com sucesso o AIDA, mesmo que o modelo fosse realmente eficiente para os profissionais de Publicidade ou Vendas.

As pesquisas do professor de Stanford concluem que "A partir de 1907 (...), talvez 90% das publicações, tanto de Publicidade quanto de Vendas, eram de forma consciente ou inconsciente, baseadas nas fórmulas" (Strong, 1925, p. 77). No entendimento do autor, as tais "fórmulas" eram as incontáveis variações de AIDA que estavam em disputa durante décadas.

E o que sobra nessa confusão toda?

É possível que o AIDA tenha sido útil para os publicitários e profissionais de vendas no início do século passado, quando desbravavam um universo completamente novo. Entretanto, o modelo foi concebido em um contexto bastante diferente do que temos atualmente no mundo dos negócios.

Entenda que, no final dos anos 1800 e início de 1900, os Estados Unidos não eram a referência de mercado que são hoje. Naquela época, o país ainda mantinha a escravidão[20] e as disputas de "bandido e mocinho" que vemos em filmes sobre o Velho Oeste. No cenário dos negócios, para além de haver muito menos empresas e uma população relativamente pequena[21], as opções de publicidade eram exclusivamente impressas (anúncios publicitários em cartas, cartazes, jornais ou revistas).

Adicionalmente, vale ressaltar, mesmo entre os defensores do modelo, a bagunça persiste ainda hoje. Por um lado, há quem siga tentando criar novas variações do AIDA, como o AISDALSLove (Wijaya, 2012) ou o AIDAR (Fortenberry e McGoldrick, 2020). Por outro, pesquisas científicas refutaram a validade do modelo, principalmente por ser linear e sequencial, mas também por ter sido criado em um contexto totalmente diferente do que temos

---

20 Em 1865, os EUA aprovaram uma lei que abolia a escravatura, mas em muitos estados, particularmente no sul do país, mantiveram essa prática desprezível até boa parte da primeira metade do século XX.

21 Em 1900, havia apenas cerca de 70 milhões de habitantes em todo o país, em contraste com os quase 400 milhões atuais.

hoje na atual dinâmica do mercado (Vakratsas e Ambler, 1999; Montazeribarforoushi *et al.*, 2017; Min *et al.*, 2022).

Para finalizarmos, permita-me sugerir um desafio. Pense, pesquise nas referências que deixei aqui para você, e responda: se o AIDA é a base dos funis, apesar de ser um modelo ultrapassado, amplamente criticado pela ciência moderna do Marketing, será então que os tais funis têm alguma utilidade e validade hoje? Seria seguro adotá-los? Qual é a sua opinião?

CAPÍTULO 20

SERÁ QUE ENFIM DAREMOS ATENÇÃO AO MACROAMBIENTE?

Somos todos produtos do nosso tempo, moldados pelas forças sociais, políticas e econômicas que nos rodeiam.

Eric Hobsbawm

A análise do macroambiente com frequência é ignorada pelas organizações e por profissionais de Marketing, e isso se dá por algumas razões, dentre as quais destacarei três.

Em primeiro lugar, percebo que muitos profissionais **simplesmente ignoram** o que é e qual o tamanho da importância de analisar e monitorar o macroambiente de forma sistemática. Em segundo, como as empresas **não conseguem controlar** os fatores macroambientais (talvez, em raros casos, possam ter alguma influência), podem pensar que não vale a pena estudar ou se esforçar por algo que não pode ser dominado pelas atividades organizacionais. E, em terceiro lugar, o **trabalho necessário** para investigar e analisar o macroambiente é custoso (demandante, caro, toma muito tempo) e complexo (é preciso alguma experiência e capacidade crítica para realizar um bom estudo).

Contudo, é possível perceber muitos momentos ao longo da história em que fatores macroambientais afetaram severamente tanto o campo de Marketing (teorias e práticas da área) quanto as organizações (a forma como conduzem seus negócios, a relação com seus *stakeholders*, entre outros). Se, por um lado, é um mito que variáveis do macroambiente não merecem atenção na estratégia organizacional; por outro, a verdade esmagadora é que mudanças macroambientais por vezes são tão relevantes que podem destruir empresas em curtíssimo prazo.

Como um exemplo bem atual, destaco a tragédia ocorrida no Rio Grande do Sul, com as inundações que afetaram quase todos os 497 municípios do estado. As enchentes de maio de 2024 desalojaram milhares de famílias e feriram ou mataram centenas de pessoas. Os fatores Naturais do macroambiente estão cada vez mais severos e imprevisíveis, de forma que organizações públicas e privadas são pressionadas a refletir e a agir em relação às questões climáticas e ambientais.

Outro caso bem ilustrativo é o da pandemia de COVID-19, um fator Natural em sua origem, que forçou organizações de diferentes setores e portes a ficarem mais atentas às diversas mudanças no macroambiente. Os impactos da pandemia também afetaram todos os demais elementos da PESTEL.

> PESTEL é um acrônimo, do inglês, para se referir aos fatores do macroambiente: Políticos, Econômicos, Socioculturais, Tecnológicos, Naturais e Legais. Você também verá o termo em variações como PEST, PESTE, SLEPT, PESTAL (esse último, comum em Portugal e nos países luso-africanos).

Por exemplo, os consumidores mudaram suas preferências, comportamento de compra, perfil, entre outras questões. As mudanças nas características diversas dos clientes como reflexo da pandemia forçaram as empresas a repensar a maneira como se relacionam com seus diversos públicos (Hon-Yu e Hsin-Ginn, 2023), uma vez que os consumidores passaram a demandar experiências sem atrito, que prevejam necessidades do cliente, que sejam relevantes e conectadas (Rahmani e Kordrostami, 2023).

Atualmente, também estamos a testemunhar a popularização das inteligências artificiais, que começou como um fator do ambiente tecnológico, rapidamente influenciou questões socioculturais (incluindo indivíduos, consumidores e empresas) e, em um desdobramento ainda mais recente, estimulou a União Europeia a ser a pioneira na concepção do Regulamento da Inteligência Artificial, de 2024.

Algumas dicas simples – e bastante acessíveis – para ajudá-lo a refletir melhor acerca dos impactos macroambientais no seu setor e na sua organização, são:

→ **Esteja antenado aos principais acontecimentos quotidianos**
Mantenha-se sempre atualizado com as notícias (notícias normais, que você acompanha pelos jornais em seu dia a dia), bem como opiniões e comentários de especialistas acerca dos fatos reportados. Saia de sua bolha e busque informar-se por veículos variados para evitar vieses em suas análises.

→ **Conheça mais sobre melhores práticas e as tendências**
Precisamos estar sempre estudando, sempre atualizados. Isso é um enorme desafio. Uma das formas que uso para me manter a par do que está acontecendo no mercado, as melhores práticas das empresas e as tendências da área é frequentar eventos e consumir relatórios executivos. Se for possível, tente ir a ao menos um evento relevante por ano. Melhor ainda seria conseguir também atender a um grande evento internacional de seu segmento de atuação.

Além disso, consulte sites de grandes consultorias e institutos de pesquisa, pois regularmente produzem relatórios valiosos sobre diversas áreas do Marketing e do mundo dos negócios. Gosto dos materiais da Deloitte, KPMG, BCG, Accenture, McKinsey, eConsultancy, eMarketer, Gartner, Forrester, Business Insider e SmartInsights, entre outros.

→ **Dados atuais sobre o seu setor de atuação profissional**
Tanto as associações de classe quanto as associações profissionais costumam também produzir relatórios e pesquisas de maneira bem frequente. Por exemplo, um aluno meu, focado em consultoria de Marketing para serviços profissionais, queria entrar no mercado de escritórios de advocacia em um estado brasileiro. Ao consultar o site da OAB (Ordem dos Advogados do Brasil), obteve importantes dados, como o número de advogados no estado, o tempo de profissão, áreas de especialidade, entre outros.

Já a American Marketing Association (nos EUA), o Chartered Institute of Marketing (no Reino Unido), a Associação Brasileira de Impresa e a Associação Brasileira de Agências de Comunicação (ambas do Brasil) são exemplos de associações profissionais, que costumam ter muitos dados interessantes sobre os mercados que representam.

Falta de informações não é o problema. Como você pode ver, há muitas possibilidades para manter-se informado sobre os fatores do macroambiente e como estão/poderão afetar a sua empresa e o seu mercado. O desafio, portanto, não é ter as informações, mas sim como selecioná-las, filtrá-las e interpretá-las.

Nesse exercício de estudo do macroambiente, minha sugestão é que você amplie a variedade de fontes consultadas para minimizar quaisquer vieses em suas análises. Adicionalmente, esteja seguro quanto à qualidade das fontes e sempre cheque a veracidade e a validade das informações.

Acima de tudo, saiba que suas competências para analisar o macroambiente são resultado de um processo: levará algum tempo para você se acostumar a estudar os fatores PESTEL de forma sistemática, saber como separar joio do trigo e aprender a traçar pontes relevantes entre as questões macroambientais e sua organização. Portanto, tenha paciência e persevere.

CAPÍTULO 21

PARA TRABALHAR COM DIGITAL, TEM QUE ESQUECER O DIGITAL

A palavra é metade de quem a pronuncia, metade de quem a escuta.
Michel de Montaigne

Muito cedo em minha carreira, comecei a trabalhar com "internet", como era mais comum de se dizer à época. Na verdade, no primeiro estágio, em 1997, já escrevia uns textos para a "página na internet" da organização.

Logo nos primeiros anos, tive contatos com Marketing. A influência da disciplina em minha carreira veio de forma natural, inicialmente por meio de meu pai, que lecionava e publicava sobre Marketing – em particular sobre Marketing de Serviços. Assim, em casa, via o professor preparando aulas com vários livros e artigos espalhados na mesa e, por vezes, utilizando vídeos (ainda em fita VHS, claro) com *cases* de empresas como Disney, 3M, IBM, entre outras. Lembro de nomes como Kotler, Levitt, Gronroos, Drucker, Zeithaml, Bitner, Berry, Parasuraman, desde os primeiros passos de minha jornada.

Um desses casos que o Prof. Frederico estudava em casa e ficou até hoje na memória é o do supermercado Stew Leonard's. Apesar de ser uma empresa de pequeno porte, eles tinham um sucesso avassalador fazendo coisas básicas, como "passar para o outro lado do balcão e ouvir o cliente" (nas palavras de um executivo do supermercado). Exemplo: duas vezes por dia um funcionário recolhia os comentários que clientes deixavam na caixinha de sugestões, fazia um resumo e distribuía para os líderes de cada departamento. Estes, por sua vez, semanalmente reportavam quais mudanças haviam implementado após as sugestões dos clientes. Algo simples, que você pode colocar em prática rapidamente em sua própria empresa.

Quando entrei para o Cadê?, em 1999, com a função de escrever textos para a área de Notícias, orientaram-me a checar as atualizações das principais agências de notícias internacionais (como Reuters, France Presse, Associated Press etc.) e nacionais (como a do Globo ou do Estadão), identificar algo interessante, copiar, colar, traduzir quando necessário e publicar no site. A dica principal, que ecoava massivamente entre os "jornalistas digitais" era: os textos para internet devem ser curtos, ter uns 4 a 5 parágrafos, de 4 a 5 linhas cada.

Aquelas diretrizes não caiam bem aos meus ouvidos. Parecia haver qualquer coisa fora do lugar ali... Rapidamente, fiz uma ponte importante: não fazia sentido ter uma fórmula padronizada (como os 4-5 parágrafos de 4-5 linhas) se os conteúdos eram diferentes e interessariam a públicos diferentes. Talvez um texto curto satisfizesse um jovem que buscasse um resumo da partida de futebol da noite anterior, mas um conteúdo sobre os impactos que a migração de morcegos asiáticos causava para a agricultura do nordeste da Austrália, e as demais consequências do fornecimento de cevada para a Nova Zelândia, certamente era um tema que mereceria uma abordagem específica, provavelmente mais aprofundada.

A minha primeira lembrança da utilidade e valor do Marketing é esta: entender que públicos diferentes demandam produtos diferentes e abordagens de comunicação específicas às suas características. Desde então, aquela fagulha de curiosidade e interesse pelo Marketing passou a guiar meu caminho.

Em minha primeira palestra, também em 1999[22], já tecia críticas a fórmulas prontas (sim, essa praga é antiga...) e pouco depois percebia que sempre que uma "novidade" em Digital aparecia, eu já tinha visto aquilo em algum de meus estudos de Marketing. Ficou cada vez mais claro, portanto, que independentemente de qual trilha eu fosse seguir no mundo online, o Marketing estaria lá e poderia ser um diferencial. Era preciso, assim, aprender e me fortalecer ainda mais na disciplina.

Desde então, segui sempre compartilhando minha visão de que o Digital sempre estará dentro de e subordinado ao Marketing, e que é irrealista pensar que é viável ter grandes sucessos no Marketing Digital sem ter fundamentos muito sólidos em Marketing. As marcas que deixam o offline de lado parecem ignorar o fato de que a experiência do cliente inclui as interações entre o comprador e o vendedor

---

22 Em 1999 ainda era estudante universitário e meu professor/mentor à época, Marcos Alexandre, me convidou para dar minha primeira palestra, a qual intitulei de "Jornalista Digital ou Digitador de Luxo?".

em qualquer ponto de contato, seja ele online ou físico, quer a empresa esteja consciente disso ou não (Weber e Chatzopoulos, 2019).

Foi somente há uns poucos anos, entretanto, e já morando em Portugal, que tive o prazer de conhecer as ideias de Mark Ritson, britânico, doutor em Marketing pela Lancaster University (no Reino Unido) e pós-doutor pela Wharton (nos EUA). Apesar das chancelas acadêmicas, Ritson sempre deu mais atenção ao mundo executivo. Ou seja, não é um acadêmico tradicional, preocupado em pesquisas e publicações científicas, mas alguém que acumula sólida base teórica e a utiliza para aplicação prática, seja em seus clientes de consultoria ou nos cursos que oferta em seu site. Um perfil mesmo impecável.

> A Wharton Business School, parte da University of Pennsylvania, nos EUA, foi fundada em 1881, tornando-se a primeira escola de negócios a integrar uma universidade em todo o mundo. Nomes como Ruth Porat, Andrea Jung, Elon Musk, Warren Buffett e Sundar Pinchai foram alunos da escola.

Ritson é também extremamente crítico da febre, que por vezes beira a irracionalidade, do "Digital acima de tudo". Atualmente, como de certo você já terá percebido, **tudo** parece girar em torno do Digital. Da tradicional confecção de sites às aplicações de inteligência artificial, o imperativo do mercado, ecoado tanto por profissionais de empresas quanto de agências, é o Digital.

Reinventam a roda e vendem como novidade do Digital; a empresa nem sabe por que, mas quer ter TikTok e Instagram; se um cliente reclama pela rede social, ele ganha prioridade de atendimento. O *frenesi* é tanto que, apenas sete horas após seu lançamento, o Threads já colecionava mais de 10 milhões de usuários[23].

---

23 *"Mark Zuckerberg says more than 10 million people signed up for Meta's Threads in the first 7 hours of the app's launch"*
https://www.businessinsider.com/over-2-million-signups-2-hours-threads-twitter-mark-zuckerberg-2023-7

Em uma semana, superou os 100 milhões de membros. Para deixar em contexto, o ChatGPT alcançou a mesma marca em dois meses, o TikTok em nove meses[24], e o Instagram só conseguiu os 100 milhões de cadastrados em dois anos e meio[25].

A urgência de "estar no digital", ter várias redes sociais, fazer *ads*, ficar a par das mudanças nos algoritmos, colecionar seguidores e a pressão para não ficar de fora das últimas tendências parecem que causam uma ignorância nos gestores e o "fazer digital" passa a ser uma prioridade urgente e emergencial da organização.

A verdade é que, há muitos anos, não existe mais um "tradicional x digital". O que ocorre é que o digital se tornou algo tão imenso e integrado em nossas vidas que não há motivos para seguir com as separações/divisões que, talvez lá atrás, em um primeiro momento, possam ter feito algum sentido[26].

O digital, de fato, estimulou adaptações e impactou radicalmente as possibilidades táticas de Marketing (Kotler, 2024). Entretanto, se você está preocupado em se debruçar sobre a parte tática ou operacional do digital, não se esqueça que esse percurso é entupido de outros "mãos na massa" similares a você. Além disso, mais cedo do que você espera, mais alternativas de automações e inteligência artificial irão chutá-lo para a rua e deixá-lo sem espaço no mercado.

---

24 *"Threads breaks ChatGPT's record as fastest platform to reach one million active users"*
https://www.lifestyleasia.com/kl/tech/tech-news/threads-breaks-chatgpt-active-users-record/

25 *"Threads exceeds 100 million users. But, honestly, does the world really need another social-media site?"*
https://www.msn.com/en-us/news/technology/threads-hits-70-million-users-but-the-last-thing-the-world-needs-right-now-is-another-social-media-site/ar-AA1dyp15

26 *"It's time to shut down digital marketing teams for good"*
https://www.marketingweek.com/mark-ritson-shut-down-digital-marketing-teams/?cmpid=em~newsletter~breaking_news~n~n&utm_medium=em&utm_source=newsletter&utm_campaign=breaking_news&eid=7464125&sid=MW0001&adg

Vários profissionais do digital já lamentam a nova realidade. O impacto do Canva (lançado em 2011 e popularizado alguns anos depois) não foi nada perto do baque que já está sendo percebido com a disseminação dos aplicativos de IA que entregam apresentações completas, vídeos incríveis, traduções/legendagens/dublagens impecáveis, textos já otimizados, entre tantos outros exemplos. Quem é "braço" no digital deve entender o momento como uma cena apocalíptica e com um fim extremamente provável: você não vai conseguir competir com o robô. Em algum momento, um desses apps de IA irá tirar você do campeonato.

Calma! Há esperança!

Felizmente, por outro lado, as questões estratégicas de Marketing (como segmentação, posicionamento e diferenciação) seguem válidas e relevantes como sempre foram (Kotler, 2024). Não é que a inteligência artificial não conseguirá substituir os esforços majoritariamente intelectuais, mas é menos simples do que a substituição de tarefas operacionais, repetitivas, mecânicas.

Adicionalmente, conforme as IAs tornarem-se parte banal de nosso dia a dia, o diferencial entre um profissional e outro será a capacidade de conseguir orientar bem a máquina. Ou seja, aquele que tiver uma mentalidade estratégica mais desenvolvida, bem como uma compreensão mais holística e multidisciplinar do Marketing, conseguirá extrair soluções melhores, mais adaptadas e valiosas para seus projetos, clientes e empresas.

Minha dica para ajudá-lo a romper as amarras do "digital, digital, digital" e se destacar em um mercado cada vez mais cheio de "mais do mesmo" é que você se exercite em iniciar seus trabalhos pensando **"digital NÃO é a prioridade"** ou ainda "digital NÃO é a resposta"! E, sempre que for pressionado (pelo chefe, pelo cliente) a priorizar o digital, cutuque a outra parte perguntando: "Por quê? Qual a razão?". Desafie-o: "você quer estar no Threads ou será que o que quer é crescer o faturamento da empresa, independentemente de como isso será alcançado? Ou será que bombar no Facebook ou no YouTube é realmente o objetivo final da firma?".

É tanta urgência e (pseudo)necessidade de investir em digital que as empresas parecem ter deixado de raciocinar estrategicamente. O mais importante é assegurar uma sólida leitura sobre o momento atual da organização, seus principais competidores e segmentos mais importantes; definir qual futuro pretendido (os objetivos da empresa), qual seu posicionamento e diferenciais e, com base nisso, identificar quais são as táticas mais pertinentes. Esse é o caminho. As decisões estratégicas devem ser coerentes com a situação atual da empresa e com seus objetivos.

O ambiente virtual é repleto de informações estratégicas acerca do macroambiente, dos concorrentes, seus diferentes *stakeholders*, o mercado como um todo. Você deve sempre utilizar as potencialidades do digital para melhorar a inteligência do negócio e a atingir seus objetivos. Sempre. A questão é, não se prenda em investir no digital só pelo modismo. Faça-o (ou deixe de fazer!) se assim os caminhos do seu planejamento estratégico apontarem.

Trabalhar experiências *omnichannel*[27] é desafiador, e por isso não podemos olhar apenas para o online. Quando a organização trabalha o on e o offline em harmonia, sem barreiras ou divisões, há mais chances de melhorar a qualidade percebida pelo cliente (Koch e Hartmann, 2023), assegurar sua satisfação e de torná-lo fiel (Weber e Chatzopoulos, 2019).

Portanto, conforme fizer as perguntas certas, auditar o ambiente e seguir nos porquês, ficará claro para você e para o cliente/chefe que o objetivo da empresa não é aumentar seguidores, nem ganhar likes, mas aumentar o lucro. Partindo desse ponto, você certamente estará numa posição melhor para orientar quais ações e canais são mais relevantes para cada caso específico.

---

27   *Omnichannel* é uma abordagem que integra todos os canais de contato (on e offline) entre uma empresa e seus clientes, de forma a assegurar uma experiência consistente e suave.

CAPÍTULO 22

CURIOSIDADES SOBRE OS DOMÍNIOS DE INTERNET

A cultura do povo é o resultado da interação dos sucessos das gerações passadas e representa ao mesmo tempo o processo histórico da produção material e espiritual.

Amílcar Cabral

Quando vamos entrar em qualquer site, precisamos digitar um endereço na barra do navegador, algo como: siteparavisitar.com. Esses endereços sempre vão estar atrelados a um domínio, como .com, .com.br, .pt, .net, .digital, entre outros exemplos. Normalmente, as extensões referem-se a um tipo de organização (como .gov para se referir a organismos governamentais ou .edu para instituições de ensino) ou, mais comumente, a um país (como .br para o Brasil, .ao para Angola ou .be para Bélgica). É com base nesses domínios que conseguimos navegar e nos localizarmos na imensidão virtual.

O domínio brasileiro (.br) nasceu em 18 de abril de 1989 (antes mesmo de sequer haver conexão à internet no país!) e atualmente é administrado pelo NIC.br (Núcleo de Informação e Coordenação do Ponto BR). De acordo com o site Registro.br, no fim do primeiro semestre de 2024, o país já superava a marca de cinco milhões de domínios registrados, tornando-se o quinto domínio mais adotado no mundo (atrás apenas de China, Alemanha, Reino Unido e Países Baixos). Após o nascimento do .br, muitos subdomínios foram criados, tais como o .gov.br (governo), .com.br (comercial/empresas) e o .org.br (organizações), todos esses em 1991.

Há muitos domínios diferentes, curiosos, pelo mundo todo. Por exemplo, o .cat (gato, em inglês), apesar de parecer algo criado para se referenciar a felinos, é na verdade o resultado de um longo e árduo trabalho político. O domínio representa uma alusão a "Catalão", que se refere à região da Catalunha, na Espanha, bem como à sua cultura e ao seu idioma. A Catalunha já buscou ser independente em diversas ocasiões, e não foi fácil conseguir o próprio domínio. Em 2005, quando foi oficialmente lançado, o fato foi amplamente divulgado como sendo o primeiro domínio do mundo que representava uma língua e uma cultura na internet. Já de acordo com matéria publicada em 2010 no site Catalan News[28], o exemplo da

---

28 *"The internet domain .cat a success for European linguistic diversity"*
https://www.catalannews.com/society-science/item/the-internet-domain-cat-a-success-for-european-linguistic-diversity

Catalunha é uma vitória também para outras comunidades similares, como escoceses, tibetanos, curdos, galegos e bascos.

Outro exemplo dos casos mais peculiares é o domínio .tv. Atualmente, esse domínio é muitíssimo usado por diversos tipos de organizações (como Soccer.tv, China.tv, Nos.tv). Essa febre na adoção do domínio .tv é compreensível, pois a associação com "televisão" é imediata. Todavia, originalmente o .tv nada tem a ver com a ideia de ser o endereço para veículos jornalísticos, canais de entretenimento ou influencers do YouTube.

Tuvalu, um país bastante pequeno (com cerca de doze mil habitantes apenas!) que fica entre o Havaí e a Austrália, foi agraciado com o domínio .tv em 1996. Na altura, essa associação de domínios era feita com o objetivo de deixar clara a ligação entre o site e o país (Chile usa o .cl, Índia usa .in, Cabo Verde tem o .cv, Dinamarca o .dn, entre outros exemplos). Portanto, Tuvalu acabou se dando muitíssimo bem, teve sorte e recebeu a extensão .tv.

Rapidamente, porém, com tanto assédio, com tantos pedidos de registros de domínios que nada tinham a ver com o país (claro! Eram empresas e pessoas interessadas na parte "tv" da coisa!), o governo de Tuvalu passou a capitalizar a oportunidade. Apenas dois anos após a criação do domínio, o país fez um acordo com uma empresa canadense, no valor de 100 milhões de dólares[29]. Interessantemente, o .tv segue como importante fonte de receita para Tuvalu, com direito a ilustres clientes a usar o domínio, como a Amazon e o Twitch. Em 2022, de acordo com o orçamento anual do país, as rendas provenientes do domínio representavam quase 10% do PIB nacional[30].

---

29 *"Tiny Tuvalu is .tv centre"*
    http://news.bbc.co.uk/2/hi/science/nature/149084.stm

30 *"Tuvalu cashes in on its coveted internet domain name amid rise in online streaming"*
    https://theworld.org/stories/2022/01/24/tuvalu-cashes-coveted-internet-domain-twitch-tv

Domínio como ferramenta de Marketing

Curiosidades à parte, os domínios podem e devem ser pensados como componente relevante do Marketing de qualquer organização. O nome que for escolhido deve ser algo que seja de fácil compreensão (entender, falar, escrever, ler) e claramente ligado à marca. De preferência, é importante que a empresa tenha, ao menos, um domínio que espelhe seu nome e/ou o nome de seu produto.

Nem sempre é tarefa fácil, mas eu tento seguir essa linha nos meus empreendimentos e junto aos meus clientes. Por exemplo, a escola Marketing Elevation usa o marketingelevation.org; e a minha empresa, Nino Carvalho Consultoria, leva o domínio ninocarvalho.com; ao passo que também mantenho um domínio para produtos ligados ao PEMD, como meu livro e cursos sobre Planejamento Estratégico de Marketing na Era Digital, em metodologiapemd.com.br.

Outro ponto relevante é que, idealmente, você deveria replicar o nome do domínio em todos os demais canais digitais (sites, landing pages, redes sociais), de maneira a evitar a fragmentação da marca. Novamente, vou me usar como exemplo, mas, desta vez, em algo negativo. Apesar de ter "ninocarvalho" no site e na maior parte das redes sociais, infelizmente no Facebook e no Instagram tenho que usar "ninocarvalhoconsultoria". Se algum interessado procurar por "/ninocarvalho" no Facebook vai cair no meu perfil pessoal (menos pior), mas no Instagram o perfil não é meu. Por mera desatenção, como no meu caso, você corre o risco de fragmentar a marca e dificultar a encontrabilidade de sua organização e de seus produtos. Portanto, assegure o quanto antes os domínios de suas principais marcas.

Há também questões mais técnicas, como o impacto do domínio no ranqueamento da empresa nos mecanismos de busca, o SEO. Embora já tenha até tido mais peso dentre as variáveis que o Google ou o Bing levam em conta na hora de listar os sites, o domínio correto contribui para as suas chances de estar no topo dos resultados de pesquisa. Com o aumento do uso de ferramentas de inteligência artificial, como o ChatGPT ou o Gemini, e a popularização da pesquisa por voz, é ainda mais importante que a organização adote domínios que sejam fácil e claramente associados à marca da empresa e de seus produtos.

Entretanto, cabe dizer que, já há um tempo, alguns domínios que antes eram associados a países deixaram de ser geolocalizados pelos sites de busca. Como no caso do .tv (de Tuvalu), outros domínios também passaram a receber uma nova conotação por parte dos usuários, conforme exemplifico no quadro a seguir:

EXEMPLOS DE DOMÍNIOS, RESPECTIVOS PAÍSES E FORMAS ATUAIS DE USO		
DOMÍNIO	PAÍS ASSOCIADO	MAIS USADO ATUALMENTE COMO
.ad	Andorra	*Advertisement* (Publicidade)
.ai	Anguila	*Artificial Intelligence*
.bz	Belize	*Business*
.co	Colômbia	*Company*
.dj	Djibouti	DJ (como na sigla para *disc jockey*)
.fm	Estados Federados da Micronésia	Rádio FM
.la	Laos	Los Angeles ou *Latin America*
.me	Montenegro	Pronome em inglês (como em *to me/for me*)

Novas extensões de domínios são lançadas frequentemente. Por exemplo, em 2022 criaram o .rsvp[31] e o .kids, entre outros. Em 2023, .channel e o .watches também foram lançados. Já em 2024, a lista de novidades inclui, por exemplo, .dad, .phd, .prof. Com isso, as empresas conseguem dar um uso ainda mais ilustrativo às suas atividades, o que pode ser útil em estratégias de posicionamento. Se você é uma agência, poderá usar o .agency. Um resort no litoral maranhense poderia ter o .spa ou .hotel, enquanto uma loja de materiais esportivos adotaria o .sport.

Comprar um domínio é mesmo muito acessível (valores baixos e pagos uma vez ao ano), de forma que a minha dica seria: assegure todos os domínios que puder (particularmente se você atua com atividades multipaíses); sejam eles ligados ao nome de sua empresa ou ao de seus produtos/serviços.

---

31 RSVP é a abreviatura de *Répondez S'il Vous Plaît*, expressão em francês que significa "Responda por favor".

CAPÍTULO 23

ESCADA DE VALOR SEM VALOR ALGUM

Aprenda com os erros dos outros. Você não pode viver o suficiente para cometê-los todos sozinhos.

Eleanor Roosevelt

Já falamos que o Marketing é um campo particularmente permeável a falastrões, picaretas e gurus, bem como é uma área muito tolerante à crescente disseminação de ignorância acerca de alguns de seus conceitos mais estruturais. Com o crescimento da subdisciplina de Marketing Digital, essa posição infeliz só acentuou, dado especialmente o aumento do volume de criadores ou disseminadores de falácias e suas hordas de seguidores.

Há alguns anos, duas ideias consolidaram-se como partes essenciais das práticas digitais, principalmente dada a larga e constante disseminação em blogs e redes sociais de gurus e seus asseclas: Escada de Valor e Produto de Entrada, ambos representados na figura a seguir:

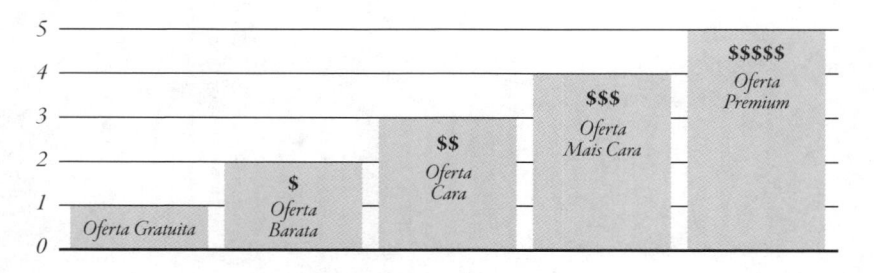

Exemplo clássico de Escada de Valor e a ideia de Produto de Entrada

Basicamente, a ideia que se tenta ilustrar com esses conceitos é que as empresas precisam criar a chamada **Escada de Valor**, iniciando com uma oferta gratuita, ou de preço irrisório, de maneira a captar um grande volume de interessados. Essa oferta inicial é conhecida como **Produto de Entrada**, pois entende-se que funciona como uma porta de entrada para os demais produtos da organização[32].

---

32 *"What Is a Value Ladder? Ultimate Step-By-Step Guide"*
https://www.clickfunnels.com/blog/value-ladder/

Os defensores dessa abordagem acreditam que, após captar o cliente com o produto de entrada, o cliente irá seguir por passos lineares, subindo os degraus e pagando mais por cada produto rumo ao topo da escada.

Por exemplo, em uma reportagem patrocinada no Globo, a empresária de tecnologia Cristina Boner defende que a Escada de Valor é "uma estratégia que elimina barreiras de entrada, de forma que se pode criar um relacionamento posicionando a sua credibilidade"[33]. Em outro caso, o guru Russell Brunson, autoproclamado inventor da Escada de Valor, afirma que devemos "pensar na jornada do comprador como uma série de passos, (...) da mesma forma que você precisa subir cada degrau quando vai ao 2º andar" (Brunson, 2015).

As misturas de conceitos e ideias embolam questões diversas, formando uma salada intragável de segmentação, comportamento do consumidor, processo decisório e técnica de vendas com altas doses de fé e obviedades. O primeiro passo da escada é o Produto de Entrada que, parafraseando um termo comum usado pelos influencers e gurus, serve como "isca" para fisgar o cliente e ajudá-lo na escadaria até alcançar o Olimpo – nesse caso, seu produto "premium", "exclusivo" ou "VIP".

Segundo os defensores desse modelo, o sucesso seria assegurado da seguinte forma: um grande volume de pessoas seria atraído pela isca inicial, o Produto de Entrada, e, por meio de uma série de ações de comunicação e vendas, uma parcela desse grupo inicial eventualmente compraria um segundo produto, um pouco mais caro do que o primeiro. Em seguida, parte destes compradores continuaria a subir a tal escada e, sucessivamente, por meio de chances probabilísticas, sempre uma pequena parte seguiria para o nível (produto) seguinte.

---

33 "Livro aborda valia da escada de valor no empreendedorismo" https://oglobo.globo.com/patrocinado/dino/noticia/2023/08/11/livro-aborda-valia-da-escada-de-valor-no-empreendedorismo.ghtml

Em resumo, trata-se da crença em uma mera chance matemática[34]. O discurso comumente pregado é simples: de um universo de 100% que foram fisgados por seu produto de entrada, uma fração também comprará o próximo e assim sucessivamente. Ao final da escada, um diminuto percentual dos clientes que entraram no processo, estatisticamente filtrados, comprarão a oferta mais cara da empresa. Simples assim: tenha uma escada de valor e atraia muitas pessoas para o produto de entrada. A probabilidade estatística se encarregará do resto, e você ficará rico.

Quando tive contato com essa ideia pela primeira vez, imediatamente comprei um boné da Ferrari. Custou uns R$ 100 à época. Imaginei que, com a sorte a meu favor, em alguns passos compraria um automóvel da marca, talvez o Ferrari 458 Spider, de cerca de R$ 3 milhões. Como esse carro nem mesmo é o topo da escada, achei que a probabilidade estaria do meu lado. Infelizmente, não deu certo. Mesmo ao insistir, ter fé na estatística, e comprar diversos chaveiros, adesivos, baixar e-books e outros "produtos de entrada" a R$ 79 cada, nem a matemática nem a sorte sorriram para mim.

Entretanto, insistente e ainda esperançoso no modelo que, supostamente, fez sucessivos milionários no Marketing Digital, bati à porta de uma empresa especializada em venda de castelos e ilhas privadas, e sugeri que também adotasse a fórmula. A ideia era que, depois de baixar um manual gratuito sobre como manter sua ilha limpa durante o período de monções, os prospects iriam evoluindo na escada, até eventualmente uma parcela pequena comprar um dos imóveis, situado perto da costa jamaicana e à venda por US$ 18,5 milhões. Surpreendentemente, também não funcionou.

Bem, certamente a esse ponto do texto você já percebeu o tamanho da insanidade da qual estamos a falar. De maneira diametralmente oposta, o Marketing nos mostra que não há qualquer

---

34 E há diversos conteúdos sobre o tema que se amparam no teorema de Pareto, afirmando que 20% sobe o próximo degrau, enquanto 80% permanecem onde estão. No nível seguinte, novamente, 20% sobem a escada e 80% fica (e assim sucessivamente).

sustentação para um devaneio desse porte. Entretanto, há sim a possibilidade de a empresa ter ofertas específicas para atender a diferentes segmentos. E a segmentação deve partir do ponto de vista do cliente; não do produto.

Retornemos à Ferrari. De forma alguma a empresa chancela bonés, camisetas, chaveiros, adesivos, canetas e tantos outros apetrechos por ter esperança de que os compradores também paguem por um carro. São segmentos distintos, que merecem um Mix de Marketing específicos às suas características. Por exemplo, aquelas pessoas que são apaixonadas pelos carros, mas que a única hipótese de poderem pagar pelo veículo é ganhar na loteria, a Ferrari as atende com outros produtos, que têm outros preços, são vendidos em outros canais e comunicados de outras formas. Similarmente, também é possível que os donos dos modelos mais caros queiram comprar os apetrechos. Entretanto, mesmo quando segmentos distintos consumissem alguns produtos coincidentes, ainda assim deveriam ser tratados como segmentos diferentes.

Trabalhar com as ideias de Produto de Entrada ou de Escada de Valor é reflexo de desconhecimento de Marketing e, particularmente, do que é Segmentação e Comportamento do Consumidor. Isso, ou uma confiança irrefletida nas probabilidades (aí talvez valha comprar bilhetes da loteria!).

Assim, se você estiver seguindo as falácias, pare já e invista em um sólido trabalho de segmentação, definição do mercado-alvo, posicionamento e, em seguida, a concepção de variações de seu Marketing Mix focadas especificamente em cada um dos diversos segmentos contemplados por sua organização. Se fizer sentido ter diferentes produtos ou serviços para atender a diferentes segmentos, siga firme, pois esse é o caminho da Estratégia de Marketing.

CAPÍTULO 24

TESTE ANTIGURU

Eu vou fazer uma oferta que você não poderá recusar...
Vito Corleone

Sempre que tenho a oportunidade, seja em comentários de posts em redes sociais ou em eventos, gosto de fazer uma pergunta àqueles que se promovem como grandes conhecedores do "Marketing Raiz" ou que se consideram arautos do "verdadeiro Marketing", mas na verdade apenas proliferam equívocos e superficialidades, o que prejudica demasiado a evolução dos estudantes, profissionais e da nossa própria disciplina.

Trata-se de uma questão simples, que poderia ser respondida fácil e corretamente se o fulano tivesse lido qualquer um dos livros mais fundamentais de nossa disciplina, como o *Administração de Marketing* (Kotler e Keller, 2019), ou qualquer livro-texto de Marketing de Serviços (por exemplo, Zeithaml, Bitner e Gremler, 2014; ou Wirtz e Lovelock, 2022).

Vá a seu guru favorito e pergunte (ah, também costuma dar certo se você perguntar a seu chefe ou cliente): "Devemos, sempre, encantar o cliente?". E a resposta, quase invariavelmente será: "Claro! Sempre!".

Quando estudamos Marketing, nos protegemos contra a ignorância, mas, de forma ainda mais prática, evitamos erros que já são amplamente conhecidos. Indo além, a depender da falha evitada, você poderá causar grandes impactos positivos, como ajudar a organização a não desperdiçar tempo e dinheiro em caminhos já sabidamente equivocados.

As empresas, e os profissionais de Marketing, tendem a acreditar que é preciso **sempre** encantar seus clientes. Em muitas ocasiões, na verdade, chegam ao ponto de dizer que o foco, ou a "filosofia" da organização, deve ser em **superar as expectativas** do cliente. Essa crença, entretanto, é incorreta e inviável.

Em vastas pesquisas, percebe-se que o cliente fica satisfeito com a empresa mesmo quando somente suas **expectativas mínimas** são atendidas. Essas "expectativas mínimas" variam de caso para caso, mas normalmente são simples e atreladas às promessas da empresa (Zeithaml, Bitner e Gremler, 2014). Por exemplo, em boa parte dos serviços profissionais, o cliente espera ser atendido com respeito, educação, que o profissional explique bem o que está fazendo/sugerindo, e que ele cumpra prazos (Wirtz e Lovelock, 2022). Em suma, se você fizer o básico, exatamente como combinou com o cliente, ele vai ficar satisfeito. Não precisa ir além, basta cumprir o que você mesmo prometeu.

O "ir além" é o tal "superar as expectativas" ou "encantar o cliente". Entretanto, dar esses passos extras significa **adicionar custos à empresa!** Para encantar, você vai entregar algo a mais, seja um brinde, um desconto, alguma outra facilidade, mais tempo de dedicação... Portanto, desde já podemos entender que encantar o cliente consome dinheiro ou algum outro recurso.

Para além disso, se sempre, sistematicamente como uma regra, a organização entrega além do esperado e supera as expectativas do cliente, ao longo do tempo, o nível de expectativas do cliente vai subindo e, consequentemente, o consumo de recursos da empresa.

Então, não devo encantar o cliente?

Bem, você já entendeu que o tal "a nossa política é sempre encantar o cliente" é algo desnecessário e inviável financeiramente no longo prazo. Agora, cabe dizer que há, sim, dois momentos em que **devemos** ir além e superar as expectativas.

O primeiro caso é quando queremos **atrair o cliente**. Nesses momentos, você pode oferecer algum serviço a mais, um período de testes, uma degustação do produto, viajar para encontrar o cliente pessoalmente... ou seja, investir um pouco mais e encantar o cliente para que ele tenha mais chances de decidir por fazer negócio com você. A ideia de superar as expectativas para captar o cliente serve tanto para os novos quanto para, por exemplo, uma renovação de contrato ou a venda de um outro produto para um atual cliente.

O segundo caso é quando precisamos **recuperar o cliente**. Imagine que você errou em algo, cometeu alguma falha, atrasou uma entrega ou seu produto deu defeito no primeiro dia de uso. Assim, com vistas a assegurar a continuidade do relacionamento, reparar sua falha e não perder o cliente, é recomendado que você vá além e o encante. Como os serviços são prestados e consumidos por pessoas, estão muito sujeitos a falhas, de forma que é importante que a organização esteja prevenida para como lidar com essas situações.

Embora, cada vez mais, os consumidores e as empresas relacionem-se por meio de robôs ou algum tipo de inteligência artificial, mesmo as máquinas e os algoritmos estão sujeitos a erros. Portanto, pesquisas recentes validam que devemos ter planos de contingência para eventuais falhas no atendimento, relacionamento e nas transações comerciais entre a organização e o cliente, inclusive quando as interações sejam feitas por não humanos (Lajante *et al.*, 2023; e Becker *et al.*, 2023).

Em suma, a grande ignorância aqui é acreditar que é importante, saudável ou possível ter a missão de **sistematicamente** encantar o cliente. Encantar significa superar as expectativas, e isso demanda recursos. Portanto, ter uma "política da empresa" de encantamento como padrão não é viável e certamente não é recomendável. O que podemos ter certeza com base no conhecimento científico é que o ideal é encantar o cliente apenas em dois momentos: na atração e na recuperação.

CAPÍTULO 25

AS MULHERES E O MARKETING

Sucesso não é sobre quanto dinheiro você ganha, mas sobre a diferença que você faz na vida das pessoas.

Michelle Obama

Se eu lhe pedisse para refletir por um minuto e pensar em grandes ícones do Marketing, talvez viessem à sua mente nomes como Philip Kotler, Kevin Keller, Peter Drucker, David Aaker, ou outros famosos professores e autores. Muito provavelmente, ainda que faça uma força agora, você dificilmente se lembrará de referências de mulheres importantes do Marketing.

Ao longo da história de nossa disciplina, houve (e segue havendo!) muitíssimas mulheres que marcaram positivamente o Marketing. São mesmo tantas contribuidoras de peso que fazer uma seleção de algumas referências para este capítulo foi uma tarefa demandante, mas extremamente frutífera e valiosa. Mesmo já conhecendo parte das conquistas das mulheres no Marketing, descobri tantas outras coisas interessantes e irei compartilhar algumas delas agora com você.

Um dos exemplos mais inspiradores, na minha visão, é o de Lynn Shostack, que não era uma acadêmica, mas uma executiva de alto escalão em multinacionais. Na altura de suas principais contribuições ao Marketing (entre final da década de 1970 e início de 1980), Shostack era vice-presidente do Citibank e esteve à frente de grandes mudanças na organização, incluindo a introdução dos caixas eletrônicos. Em sua formação, passou pela University of Cincinnati e tinha MBA pela Harvard Business School.

Uma das suas contribuições mais significativas foi o desenvolvimento do conceito de *Service Design* (Desenho de Serviços, em português) e da técnica de *Blueprinting*, utilizada para mapear serviços e visualizar a jornada, tanto do ponto de vista do fornecedor quanto do consumidor (Shostack, 1984; Sangiorgi e Prendiville, 2017). Atualmente, o Service Design é adotado por empresas e comercializado como solução por agências e consultorias em todo o mundo. Curiosamente, foram designers (e não profissionais do Marketing) que abraçaram e dominaram o conceito, tornando-se as referências no tema.

Em outra marcante contribuição, Shostack provocou e surpreendeu alguns dos principais acadêmicos de Marketing à época no artigo *Breaking Free from Product Marketing*. A autora argumentava que a gestão de serviços requer uma abordagem própria, específica, distinta daquela adotada com produtos físicos. Ela enfatizava a importância de entender todos os componentes e interações que ocorrem durante a prestação de um serviço para aperfeiçoar a experiência do cliente e a eficiência operacional da organização (Shostack, 1977).

Em seu texto, a executiva apelou aos pensadores da disciplina que desenvolvessem melhores formas de gerir Marketing em organizações de serviços. Apesar de ter escrito pouco e por um curtíssimo espaço de tempo, as inovações de Shostack serviram como inspiração e estímulo a pensadores do campo de Marketing de Serviços, que dava seus primeiros passos na época. Como "respostas" ao desafio de Shostack, a primeira metade da década de 1980 foi repleta de importantes publicações que impulsionaram avanços à nossa disciplina.

Dois exemplos de contribuições femininas nessa época foram particularmente marcantes. Primeiro, em 1981, Bernard H. Booms e Mary Jo Bitner entraram para a história ao criar o Mix de Marketing de Serviços, com 7 Ps; portanto, com três adições ao modelo já conhecido dos 4 Ps. Em segundo, Valarie Zeithaml, ao lado de Parasuraman e Berry, propôs a metodologia SERVQUAL, para mensurar a qualidade percebida em serviços (Parasuraman *et al.*, 1985). O modelo foi tão relevante que houve desdobramentos focados especificamente em medir a qualidade de serviços digitais, dos quais destaco o WebQual, desenvolvido também por uma mulher (Loiacono *et al.*, 2002), e o e-ServQual (Parasuraman *et al.*, 2005).

Elas se destacam na Publicidade

Há imensos outros casos de mulheres em nossa área que contribuíram não apenas para a evolução científica do Marketing, mas notavelmente com algumas atividades que comumente realizamos no dia a dia das organizações.

Por exemplo, Pauline Arnold, reconhecida como uma das pioneiras no campo de Pesquisa de Marketing, fez contribuições marcantes à Publicidade, como na medição de audiência de rádio (o que permitiu que as agências direcionassem melhor suas campanhas) e em suas diversas pesquisas que trataram dos impactos de mídia na comercialização de produtos, fornecendo insights valiosos que ajudaram a compreender melhor a relação entre os investimentos publicitários e o consumo.

Assim, e com foco específico na Publicidade, a seguir listo algumas das mulheres que marcaram positivamente a área:

→ **Charlotte Beers** – primeira mulher CEO de uma grande agência, a Ogilvy & Mather, em 1992

→ **Caroline Jones** – fundou a primeira agência de propriedade de uma mulher negra, a Zebra Associates, em 1975

→ **Helen Lansdowne Resor** – a primeira a figurar no Hall da Fama da Publicidade, em 1967

→ **Judy McGrath** – concebeu a identidade e personalidade da marca MTV e, desde 2022, faz parte do Hall da Fama da Publicidade, da American Advertising Federation (AAF)

→ **Mary Wells Lawrence** – criou, em 1977, a memorável expressão "*I Love New York*", que você certamente já viu em inúmeros casos, em camisetas, adesivos, monumentos, souvenires, entre tantos outros[35].

A questão é que, apesar de, indubitavelmente, haver volume e qualidade suficientes de mulheres com tanto valor a agregar ao Marketing, a representação feminina na área – e no mundo dos negócios como um todo – ainda é insuficiente.

De acordo com o relatório *Women in the Workplace 2023*, da McKinsey, a representação feminina em cargos de liderança sênior tem aumentado, mas ainda há um desequilíbrio significativo. Desde 2015, o número de mulheres em cargos C-level aumentou de 17% para 28%.

---

35 Em agradecimento à Lawrence, uso a criação dela em um exemplo para o livro: *I ♡ Marketing*.

No entanto, o progresso para mulheres em cargos de gerência e diretoria é lento, e a representação de mulheres não brancas em cargos de liderança vem caindo em relação às mulheres brancas e aos homens da mesma raça e etnia.

Além disso, de acordo com Maclaran (2012), a representação feminina na publicidade também tem um longo e antigo histórico de problemas. Por anos, a mulher foi amplamente tratada de forma objetificada, sexualizada ou ilustrada com postura servil ou submissa (Carmo e Hees, 2020). As consequências são evidentes, como mostra o estudo *(F)Empowerment: It's time to support and empower women in South & Central America,* da TrendWatching, que indicou que a maior parte das mulheres brasileiras (65%) não se identifica com as campanhas publicitárias.

Conforme menciona Fábio Alperowitch, em entrevista sobre o ESG no Brasil[36], mesmo atualmente, com questões de inclusão e diversidade sendo mais amplamente reivindicadas pela sociedade, além da recente "onda" de ESG nas organizações, ainda há diversos casos de mulheres com desafios no ambiente profissional e se sentindo sub/mal representadas pelas peças de Marketing das empresas.

> Do inglês, *Environmental, Social and Governance* (Meio Ambiente, Social e Governança). Entretanto, aqui qualifico como uma "onda", no sentido de que as mudanças nas empresas, em prol de trabalharem de forma mais respeitosa e harmônica com o planeta e com questões de diversidade e inclusão, parecem ser ainda mais um discurso que soa bem à imagem da organização do que, de fato, um movimento proposital e consciente rumo a causas mais nobres.

---

36 "ESG no Brasil nunca existiu"
https://br.investing.com/news/stock-market-news/fabio-alperowitch-da-fama-investimentos-esg-no-brasil-nunca-existiu-1165693

Para mencionar um caso bastante recente, cito o time canadense de basquete Toronto Raptors, que fez um vídeo em homenagem ao Dia das Mulheres, no qual jogadores agradecem e parabenizam as mulheres pela data. Na palavra de alguns dos atletas, as razões pelas quais devemos respeitar e celebrar as mulheres são pelo fato de que "só elas podem procriar" ou porque "elas deram à luz a todo mundo"[37].

A temática "Marketing e Mulheres" é vastíssima e riquíssima. Decididamente, cada uma dessas mulheres merecia um capítulo exclusivo (e conteúdo certamente não falta!). Justamente por isso, ainda que fossemos apenas tratar de exemplos de contribuições marcantes de mulheres pioneiras na história da disciplina, precisaríamos de mais páginas. Nas minhas redes, em algumas ocasiões trato do tema, seja recomendando livros de mulheres, comentando sobre suas carreiras ou em entrevistas e *webinars* com convidadas mulheres.

---

37 "*Toronto Raptors Delete Cringeworthy Video for 'Women's History Month' After Backlash: 'They Birth Everybody'*"
https://people.com/sports/toronto-raptors-delete-womens-history-month-video-after-backlash/

O NEGRO COMO PRODUTO

Deixando para trás noites de terror e medo
Eu me ergo
Em um amanhecer maravilhosamente claro
Eu me ergo
Trazendo as dádivas que meus ancestrais deram,
Eu sou o sonho e a esperança do escravizado.
Eu me ergo
Eu me ergo
Eu me ergo

Maya Angelou

Quando ouvimos falar na ideia da utilização de trabalho escravo, não há outra possibilidade que não o sentimento de repulsa e decepção. Trata-se de algo absolutamente inadmissível, impensável. Contudo, lamentavelmente nem sempre foi assim. Em inúmeras sociedades, em diversos momentos da história humana e ao redor de todo o planeta, o comércio de pessoas escravizadas foi um pilar de sustentação de várias economias.

Em certas colônias do Brasil e dos Estados Unidos[38], a escravatura era vista como algo trivial, passando despercebida em algumas economias rurais, ao passo que, em cidades desenvolvidas (de Portugal, da Inglaterra, da França, da Holanda), os escravizados eram tidos como produtos de luxo, frequentemente apresentados como troféus de convertidos ao cristianismo, como coloca a historiadora Isabel dos Guimarães Sá (2009).

Na Idade Moderna[39], a escravidão organizou-se em torno do chamado capitalismo comercial, que florescia no século XV em paralelo com a expansão ultramarina. Em particular, a escravidão de pessoas africanas entre os séculos XV e XIX teve um papel preponderante na colonização portuguesa, no Brasil Império e na colonização dos Estados Unidos.

A desumanização das pessoas negras fazia parte da cultura corrente. As religiões, doutrinas filosóficas e jurídicas da época cumpriram o papel de sancioná-la. A posteriori, já na segunda metade do século XIX, lançavam-se estudos pseudocientíficos na tentativa de comprovar cientificamente, por assim dizer, a inferioridade do negro.

O médico John H. Van Evrie, por exemplo, aproveitou sua popularidade e credibilidade para escrever diversos livros justificando a escravidão e dando razões e evidências "científicas" acerca da posição

---

38 Refiro-me aqui às colônias britânicas no território que hoje conhecemos como Estados Unidos.

39 O período da Idade Moderna se dá entre os séculos XV e XVIII, incluindo a chamada Era dos Descobrimentos, que contribuíram muito com o aumento da escravização da população de colônias por parte dos países invasores, como Portugal, Espanha, Inglaterra, Países Baixos e França.

inerentemente inferior do negro. Em um de seus livros, catalogou[40] diferenças físicas, psicológicas e emocionais que "comprovavam" que o negro se assemelhava aos animais, não aos humanos.

Assim, as pessoas escravizadas na época eram parte do cenário doméstico e da força de trabalho nas áreas rurais. As pessoas negras eram encaradas como um bem; tinham donos que lhes davam o uso que desejassem. O negócio de escravizados era muito valioso e estruturava economias de nações inteiras. Por exemplo, Portugal e Inglaterra (duas das maiores potências da época) mantinham acordos comerciais para proteger seus comércios de pessoas escravizadas (Brasil, 1808). Os dois países concordavam em não reter nenhum de seus navios que estivessem com um "carregamento de negros".

O negro era colhido, transportado, estocado, precificado, exposto, vendido, trocado, comprado, possuído, usado e negociado; assim como se fazia com outros bens, como tecidos, porcelana, gado, maçãs ou parafusos. Em outras palavras, o negro não era visto como um ser humano, mas um **produto**.

Nosso foco neste capítulo, portanto, será traçar paralelismos entre parte dos Ps do Marketing Mix e a mentalidade de determinadas nações de enxergar as pessoas pretas como um produto; uma peça central que era fartamente comercializada e fomentava negócios tão lucrativos e importantes à altura quanto bizarros, arcaicos e deploráveis.

Produção e Distribuição

De certa forma, podemos enxergar a jornada de um produto desde o momento em que ele é cultivado, extraído ou minerado. Similarmente às grandes plantações de cevada ou azeitona, as colônias na África serviam, entre outros propósitos lucrativos, para o cultivo de pessoas escravizadas. A extração do produto destinado

---

[40] O livro foi lançado em 1861 e seu título, em minha tradução do inglês, era "Negros e a 'escravidão': o primeiro, uma raça inferior; o segundo, sua condição natural" (*Negroes and Negro "slavery": the first an inferior race; the latter its normal condition*).

ao Brasil era feita majoritariamente em terras africanas. Os comerciantes não deixavam muito para trás e viam oportunidades de lucro em qualquer peça, "levando jovens, velhos, mulheres, meninas, até mesmo crianças de colo" (des Brûlons, 1742, p. 1.493).

O transporte de pessoas escravizadas tinha diversas complicações e riscos. Os comerciantes armazenavam a mercadoria em condições extremamente precárias, de forma que muitos morriam mesmo antes de chegar ao destino. No processo logístico, as pessoas escravizadas eram brutalmente violentadas e passavam por condições absolutamente desumanas (justamente por isso, os navios eram apelidados de "tumbeiros"). Esse tratamento chegava a levar alguns dos escravizados a tirar a própria vida durante a viagem. Para além disso, o navio também poderia ser saqueado, destruído ou atingido por alguma catástrofe climática.

Em um exemplo de estudos de documentos originais, Kupperman (2013) destaca que o custo de pagar por escravizados africanos era muito alto para os Estados Unidos entre o final do século XVII[41] até a metade do século XVIII (ainda enquanto colônia britânica). Portanto, passaram a comercializar escravizados de países do Caribe, como Barbados e Jamaica. Uma vez trazidos ao seu destino, os escravizados eram distribuídos em diferentes canais de vendas. Por exemplo, poderiam ser expostos e comercializados em locais públicos (ruas, praças, centros comerciais), em leilões, ou nas casas de donos de escravizados.

Mas, é importante salientar, seria inviável trazer escravizados da África todo o tempo, pois a mortalidade no transporte era muito grande. Assim, também havia um crescimento orgânico dentro do próprio país com o nascimento de pessoas afrodescendentes, que já nasciam escravizadas. Isso fazia parte do processo de cultivo. Eventualmente, uma vez que chegavam ao destino, os escravizados eram distribuídos em diferentes canais de venda.

---

41 Apesar de a legislação que formalizou legalmente a escravatura nas colônias ser de 1660, antes disso já havia casos de escravizados (africanos majoritariamente) e de nativos norte-americanos e canadenses.

Promoção do Produto

Agora que foram transportados e distribuídos, os produtos estavam prontos para serem comunicados e vendidos. Entretanto, como é óbvio, as alternativas de comunicação da época eram muitíssimo mais escassas do que as atuais. Dessa forma, produtos e serviços eram normalmente promovidos por meio de cartazes expostos em locais de grande concentração de pessoas, comunicação boca a boca e publicidade em jornais.

São fartos os casos de anúncios nos "classificados" de jornais sobre a compra e venda de escravizados. Em exemplos de periódicos populares do Brasil Imperial, poucos anos antes da abolição da escravatura[42], os mestres brancos negociavam fartamente, como podemos ver a seguir:

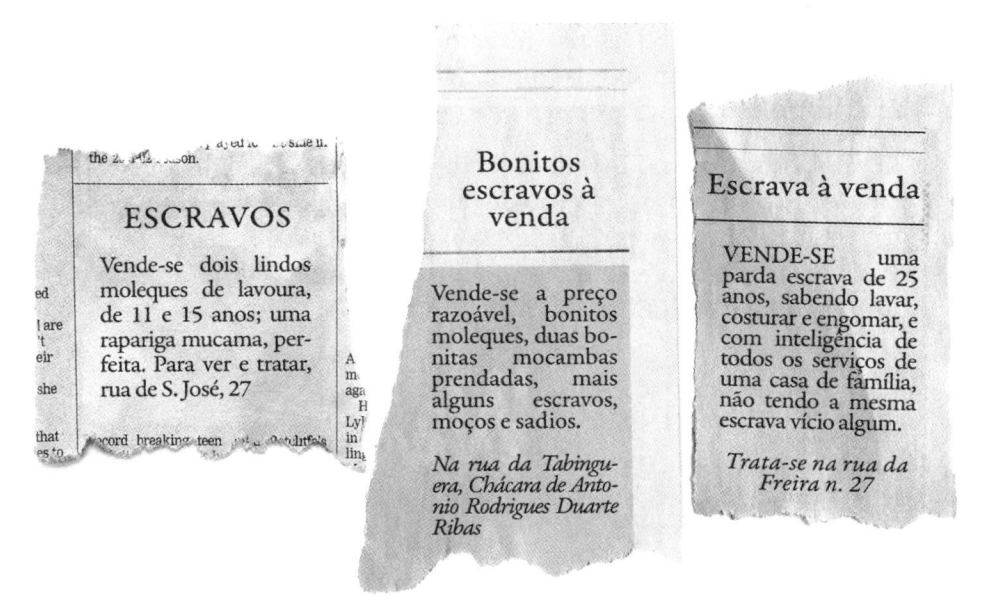

ESCRAVOS

Vende-se dois lindos moleques de lavoura, de 11 e 15 anos; uma rapariga mucama, perfeita. Para ver e tratar, rua de S. José, 27

Bonitos escravos à venda

Vende-se a preço razoável, bonitos moleques, duas bonitas mocambas prendadas, mais alguns escravos, moços e sadios.

Na rua da Tabinguera, Chácara de Antonio Rodrigues Duarte Ribas

Escrava à venda

VENDE-SE uma parda escrava de 25 anos, sabendo lavar, costurar e engomar, e com inteligência de todos os serviços de uma casa de família, não tendo a mesma escrava vício algum.

Trata-se na rua da Freira n. 27

Exemplos de anúncios da comercialização de pessoas escravizadas em jornais brasileiros do século XIX

---

42 A Lei Áurea, que aboliu a escravatura, foi proclamada pela princesa Isabel, filha de Dom Pedro II, em 13 de maio de 1888.

Para além dos anúncios impressos, que divulgavam o produto com foco em suas características e benefícios, havia outras abordagens de Comunicação utilizadas à época. Em alguns casos, eventos eram desenhados para se promover e vender os produtos.

Por vezes, importantes membros da sociedade ofereciam eventos grandiosos, regados a boa comida, bebida e música, nos quais os escravizados eram adornados (com maquiagens ou fantasias), de forma a motivar potenciais compradores a adquirirem os produtos expostos.

Um dos mais famosos eventos desse tipo ficou conhecido como O Grande Leilão de Escravos, e aconteceu em 1859, na Georgia, EUA. De acordo com reportagem do Talk Africana[43], as atividades aconteceram por dois dias seguidos e o evento foi promovido com anúncios diários nos jornais[44] (exceto aos domingos), publicizando o leilão com chamarizes tais como: "À venda: gangue de 460 Negros de algodão e arroz".

Em contraste, no Brasil, os leilões eram bastante corriqueiros e não muito vultuosos. No Rio de Janeiro do início do século XIX, as vendas aconteciam na Praça Mauá e na Praça XV, e as pessoas escravizadas eram oferecidas seminuas e besuntadas de banha para que reluzissem ao sol.

---

43 *"The Great Slave Auction of 1859: The Largest Single Sale of Enslaved Africans in U.S History"*
https://talkafricana.com/the-great-slave-auction-of-1859-2/

44 Vale acrescentar que os jornais dos Estados Unidos tiveram um papel significativo ajudando a disseminar o negócio de pessoas escravizadas no país (veja, por exemplo, artigo da Talk Africa *"Slave Brokerage: How Early U.S. Newspapers Facilitated The Sales And Purchase Of Slaves"*)
https://talkafricana.com/slave-brokerage-how-early-u-s-newspapers-facilitated-the-sales-and-purchase-of-slaves/

O Preço

Como em qualquer mercado, é importante haver crédito disponível para investimentos. Uma vez que o volume financeiro proveniente, direta e indiretamente, do comércio de escravizados era tão alto, oferecer empréstimos para particulares e empresas foi uma oportunidade aproveitada, por exemplo, pelo Banco do Brasil.

De acordo com uma recente representação pública, inédita no país, assinada por diversos pesquisadores de universidades brasileiras e norte-americanas[45], o Banco do Brasil foi uma das instituições que se envolveram profunda e conscientemente na comercialização de negros, não apenas com empréstimos e financiamentos, mas também dando importantes cargos de liderança a alguns dos maiores mercadores de escravizados da época.

Tempos depois, a instituição emitiu um posicionamento oficial[46], no qual lamentou "profundamente esse infeliz capítulo da história da humanidade e da nossa sociedade" ao referir-se à escravidão; lista ações recentes que, na visão da organização, evidenciam "com nitidez a conciliação de sua visão comercial com sua visão social", e conclui o documento afirmando que seu objetivo "é continuar a contribuir (...) para a finalidade maior (...) que é a busca da verdade histórica e da promoção da igualdade étnico-racial". A tentativa do Banco do Brasil, entretanto, soou insuficiente para o Ministério Público Federal, que mantém o processo em aberto[47].

---

45 Carta enviada por professores universitários e pesquisadores à Procuradoria da República do Rio de Janeiro sobre o Banco do Brasil e a escravidão
https://labhstc.paginas.ufsc.br/files/2023/10/Documento-%C3%A0-procuradoria-da-Rep%C3%BAblica-BB-e-escravidao.pdf

46 Veja o posicionamento no site do Banco do Brasil > Imprensa | Posicionamento
https://www.bb.com.br/pbb/pagina-inicial/imprensa/n/67675/posicionamento#/

47 "MPF recebe sugestões sobre formas de o Banco do Brasil reparar a escravidão"
https://oglobo.globo.com/blogs/miriam-leitao/post/2024/01/mpf-recebe-sugestoes-sobre-formas-de-o-banco-do-brasil-reparar-a-escravidao.ghtml

A mentalidade era tão bizarramente perturbadora que havia até livros e manuais que ensinavam aos comerciantes sobre o negócio de negros. Por exemplo, no Dicionário Universal do Comércio, o livro-texto de referência para cursos de comércio, há o verbete "negros", que dá detalhes para referência dos futuros negociantes:

> Uma peça de Negro da Índia de 17 a 30 anos, costumava custar apenas trinta ou 32 libras em mercadorias adequadas ao país, que incluem aguardente, ferro, tecido, papel, facões ou machetes de todas as cores, caldeirões e bacias de cobre, e outros itens semelhantes que esses povos valorizam muito (des Brûlons, 1742, p. 1.493).

Repare que o valor em libras era somente um parâmetro, pois a compra nos leilões de escravizados poderia ser feita por meio de troca de mercadorias ("aguardente, ferro, tecido... ou outros itens que esses povos valorizam").

Mas o problema não é só de "antigamente"

A relação entre o negro e o Marketing (particularmente na publicidade) segue marcada por uma história de estereótipos e desumanização que se estende por séculos. O Marketing é um agente vivo, que reflete a sociedade na qual está inserido. Sendo assim, a representação da pessoa preta em peças publicitárias meramente refletia e perpetuava as desigualdades raciais existentes na sociedade.

Hoje, ainda há vestígios demais dessa história. Por um lado, as empresas têm implantado políticas de compliance e ESG (sigla para *Environmental, Social e Governance*[48]) para, por exemplo, evitar cair na "lista suja" de organizações que utilizam trabalho análogo à escravidão, produzida pelo Ministério do Trabalho e Emprego (MTE).

Por outro, há uma preocupação e conscientização cada vez maiores sobre a diversidade para evitar a representação estereotipada das pessoas negras na publicidade, o que é cada vez mais repudiado por

---

48 Uma tradução livre poderia refletir em algo como Meio Ambiente, Sociedade e Governança.

um público mais e mais letrado em questões raciais. Esse contexto faz com que as empresas, por vezes, precisem fazer retratações públicas e/ou cancelar investimentos em peças de Marketing consideradas agressivas e preconceituosas em relação às diversas minorias sociais. Exemplos disso são lamentáveis casos recentes de marcas como Burger King[49] e Arezzo[50].

Além disso, é importante promover diversidade "do lado de cá" do Marketing, com o aumento da contratação de profissionais pardos e pretos que somam suas perspectivas e experiências à pesquisa e à prática de nossa disciplina.

No entanto, ainda há muito a ser feito. Em 2024, a "lista suja" do MTE, com empresas ligadas ao trabalho escravo, bateu novo recorde e chegou a um total de 654 empregadores[51]. Marcas como Lollapaloza[52], Caravelas[53], Salton, Aurora, Garibaldi[54], BP Bunge

---

49 "Burger King retira do ar propaganda com Kid Bengala após ser alvo de críticas nas redes sociais"
https://istoe.com.br/burger-king-retira-do-ar-propaganda-com-kid-bengala-apos-ser-alvo-de-criticas-nas-redes/

50 "Jade Picon e cultura africana: Arezzo é criticada por campanha"
https://www.meioemensagem.com.br/comunicacao/arezzo-campanha-critica-jade-picon

51 "Trabalho escravo: governo inclui 248 empregadores em lista suja"
https://agenciabrasil.ebc.com.br/direitos-humanos/noticia/2024-04/trabalho-escravo-governo-inclui-248-empregadores-em-lista-suja

52 "Lollapalooza tem 1ª baixa após flagrante de trabalho escravo: hamburgueria famosa rompe contrato"
https://revistaforum.com.br/brasil/2023/3/23/lollapalooza-tem-1-baixa-apos-flagrante-de-trabalho-escravo-hamburgueria-famosa-rompe-contrato-133247.html

53 "Cana lidera trabalho escravo no Brasil, problema que já atingiu até a Coca"
https://noticias.uol.com.br/cotidiano/ultimas-noticias/2023/03/04/trabalho-analogo-a-escravidao.htm

54 "Salton, Aurora e Garibaldi pagarão R$ 7 milhões em indenização após resgate de trabalhadores em situação análoga à escravidão"
https://g1.globo.com/rs/noticia/2023/03/10/salton-autora-e-garibaldi-pagarao-r-7-milhoes-em-indenizacao-apos-resgate-de-trabalhadores-em-situacao-analoga-a-escravidao.ghtml

Energia[55] e Volkswagen[56], além de Zara, Animale, MRV, Odebretch e OAS[57], parecem insistir na direção contrária, mas a preocupação e a conscientização acerca da diversidade são cada vez mais importantes para as organizações, e há maior cuidado sobre os estereótipos e a desumanização dos negros no mercado de trabalho.

Assegurar o fim definitivo dessa prática deplorável é, certamente, papel de toda a sociedade; dos indivíduos e das instituições. Porém, destaco ser importante que nós, profissionais de Marketing, continuemos a trabalhar para promover a diversidade, a inclusão e a representação, e para combater os estereótipos e a desumanização dos negros em nossas atividades de Marketing.

---

55 "Número de resgatados da escravidão dispara em 2023 e é o maior em 14 anos"
https://noticias.uol.com.br/colunas/leonardo-sakamoto/2024/01/28/numero-de-resgatados-da-escravidao-dispara-em-2023-e-e-o-maior-em-14-anos.htm

56 "Casos notórios de trabalho análogo à escravidão no Brasil"
https://www.dw.com/pt-br/casos-not%C3%B3rios-de-trabalho-an%C3%A1logo-%C3%A0-escravid%C3%A3o-no-brasil/a-64860904

57 "O que Aurora e Salton têm em comum com empresas como Zara e Odebrecht"
https://noticias.uol.com.br/colunas/leonardo-sakamoto/2023/03/01/o-que-aurora-e-salton-agora-tem-em-comum-com-empresas-como-zara-e-odebrecht.htm

ROBÔS DO FUTURO, MENTALIDADE DO PASSADO

Se tivermos sorte, os robôs talvez decidam nos manter como animais de estimação.

Marvin Minsky

Nos últimos anos, tenho ministrado algumas palestras sobre o relacionamento entre humanos e robôs, sempre sob o contexto do Marketing. Tratei do tema em eventos, empresas e em instituições educacionais no Brasil, em Portugal, na Hungria, Itália, Espanha, Bélgica, Polônia, Índia e nos Estados Unidos. Em 2023 a temática também estava incluída em minha apresentação do World Marketing Summit (eWMS), o maior evento global de Marketing, concebido por Philip Kotler e atendido por milhões de pessoas em todo o mundo.

De todo modo, o viés que trago aqui não é antropológico, sociológico, nem certamente futurista. O foco é tratar dos impactos e das consequências do aumento da adoção de robôs (sejam físicos ou virtuais) pelas empresas, dentro do escopo do Marketing.

Neste tema, um dos pontos que me desperta mais interesse é algo que recentemente tem começado a ser tratado no ambiente acadêmico, mas ainda é amplamente ignorado por profissionais, executivos e gestores de Marketing, bem como pelas lideranças de organizações. A questão que me chama a atenção é o fato de as empresas adotarem os robôs e as inteligências artificiais sob os mesmos pretextos que faziam ao menos desde o início do século passado: aumentar a produtividade e baixar custos. Até aqui, compreendo e estou de acordo; claro que as duas questões são pertinentes!

Por um lado, entretanto, há uma vastidão de problemas ligados aos impactos sociais por conta da substituição de humanos por robôs ou algoritmos. Entre outras questões desafiadoras, especialistas, organismos públicos e cientistas alertam que as IAs irão causar altos níveis e desemprego[58] e aumentar as desigualdades sociais[59],

---

[58] *"AI is coming for your job: bots could take 80% of human careers in 'the next few years', expert warns"*
https://www.dailymail.co.uk/sciencetech/article-12062537/AI-replace-80-human-jobs-years-expert-warns.html

[59] *"Inteligência Artificial vai afetar 40% dos empregos em todo o mundo"*
https://observador.pt/2024/01/15/inteligencia-artificial-vai-afetar-40-dos-empregos-em-todo-o-mundo/

provocar impactos psicológicos e emocionais negativos nas pessoas[60], influenciar o processo democrático de diversos países[61], prejudicar debates sobre diversidade[62], além de levantarem desafios ligados à privacidade e à transparência[63].

Adicionalmente, de acordo com estudos recentes conduzido com jovens universitários, o uso frequente das inteligências artificiais está correlacionado ao aumento da procrastinação, perda de memória e baixo desempenho acadêmico (Abbas *et al.*, 2024).

Sob um outro prisma complementar, é válido lembrar que a adoção das máquinas de outrora ignorou uma variável na equação: os clientes. O importante era o foco na produção e no custo. Já o cliente...

Hoje, em tempos em que "Experiência do Cliente" e *Customer Centricity*" são mantras em qualquer organização, era de se esperar que as novidades maravilhosas da tecnologia fossem usadas primariamente, enfim, em prol do cliente. As máquinas evoluíram muitíssimo, tornaram-se robôs sofisticados e algoritmos potentes, muitas com um bom grau de autonomia, mas a mentalidade do mundo empresarial segue bastante limitada e ultrapassada.

---

60 *"AI will spark massive disruptions to labor markets and there's no social safety net that can contain the fallout, University of Chicago professor says"*
https://www.businessinsider.com/unemployment-job-market-ai-outlook-artificial-intelligence-workers-economy-productivity-2024-4

61 *"The big Election year: how to protect democracy in the era of AI"*
https://www.weforum.org/agenda/2024/01/ai-democracy-election-year-2024-disinformation-misinformation/

62 *"Experts call for more diversity to combat bias in artificial intelligence"*
https://edition.cnn.com/2023/12/15/us/diversity-artificial-intelligence-bias-reaj/index.html

63 *"Transparency and lack of customer data limits benefits of AI"*
https://futureiot.tech/transparency-and-lack-of-customer-data-limit-benefits-of-ai/

Como tudo começou...

De meados dos anos 1800 até as primeiras décadas de 1900, empresas e indústrias proliferavam e prosperavam nos Estados Unidos. A população crescia vertiginosamente, em particular devido à massiva imigração estrangeira. O público consumidor também aumentava, por conta de diversos fatores, tais como: a migração dos campos para as cidades, a chamada Conquista do Oeste, as descobertas de petróleo e os rápidos avanços nos transportes (rodoviário e ferroviário) e nos correios. O país vislumbrava muitas oportunidades e gozava de sólida melhoria nos padrões e condições de vida (Comish, 1923). Nesse contexto, também estava a nascer a Administração Científica (a disciplina de Administração, ou Gestão) com alguns expoentes como Frederick Taylor, Henri Fayol e Henry Ford.

No início do século XX, as empresas investiam em máquinas para ajudá-las a reduzir custos, otimizar processos e deixar a produção mais eficiente e confiável. Os próprios funcionários eram vistos como uma espécie de "máquinas de carne e osso". Os engenheiros que geriam as fábricas tinham a função de montar *scripts*, manuais passo a passo que deviam ser seguidos à risca: pegue o produto com a mão direita, dê três passos para esquerda, flexione os joelhos, deixe o produto na mesa, vire para a direita, dê três passos... era algo mais ou menos assim. Essa metodologia de bolar formas de as pessoas seguirem *scripts* para produzir mais e de forma mais veloz ficou conhecida como a Teoria dos Tempos e Movimentos.

> A Teoria dos Tempos e Movimentos na verdade nasceu da junção de duas linhas de estudos de verdadeiros pioneiros da Administração: Taylor estudava os tempos, enquanto o casal Frank e Lillian Gilbreth dedicava-se aos movimentos.

Àquela altura, o foco era a produção em massa e as máquinas visavam reduzir custos, diminuir falhas humanas e aumentar/acelerar a produtividade da empresa. Ford, inclusive, tinha um lema:

"sempre que puder substituir um homem por uma máquina, faça!". Esse desprezo pelo homem e a predileção às máquinas não era exclusividade das questões internas das empresas. Do lado de fora, o cliente era jogado para outro plano, com pouca relevância às operações organizacionais. O foco era produzir, produzir, produzir.

Não havia grandes preocupações com o cliente (ao menos não no grupo dos pioneiros da Administração): quem eram, o que os motivavam, quais segmentos eram mais ou menos atraentes... nada disso.

Em textos de Marketing ou de Gestão da época, a questão Homens e Máquinas também chamava a atenção dos desbravadores daquelas disciplinas, embora não tratassem o tema como uma novidade. Por exemplo, Kendall (1930) já alertava que "a tendência rumo à mecanização da indústria está crescendo e irá continuar a crescer. (...) O aumento no uso das máquinas remonta ao motor a vapor e à primeira Revolução Industrial na Inglaterra" (p. 94).

E o que mudou, mais de cem anos depois?

Hoje, em pleno século XXI, para além das possibilidades de coleta e tratamento de uma infinidade de dados, uma vasta sorte de robôs – inteligentes ou não; físicos ou virtuais – já é amplamente utilizada; não apenas nas fábricas, mas também em áreas como atendimento ou suporte ao cliente, ou mesmo executando tarefas de Marketing, como na produção e na publicação de textos, imagens, áudios e vídeos.

Você já teve ter visto algum robô interagindo com clientes em restaurantes, em aeroportos, ou talvez até mesmo em um hospital. E provavelmente já interagiu com robôs/IAs no ambiente digital; talvez em um chat com seu banco ou em seu site de e-commerce favorito, talvez em uma busca no Bing ou conversando com o ChatGPT. Se calhar, você até segue algum influencer virtual, como a espanhola Aitana Lopez, a primeira influenciadora criada e gerida 100% por inteligência artificial. Os robôs também estão em nossas casas, seja para serviços domésticos (aspiradores de pó, climatização, iluminação etc.) ou como nossos assistentes virtuais (Siri, Google, Alexa, Copilot).

As interações, entre clientes e robôs, também são **Momentos da Verdade**; sujeitas ao que prega a teoria do Encontro de Serviços, que se refere a quando o cliente/consumidor interage com algum representante da empresa, independentemente de esse representante ser um humano ou um robô, físico ou virtual, e da interação ser presencial ou remota, síncrona ou assíncrona (Wirtz e Lovelock, 2022).

Nos Momentos da Verdade, a reputação da marca, a satisfação do cliente e suas decisões sobre comprar ou não, fidelizar ou não, estão em jogo. Potencialmente, uma interação falha, fora do tom, pode transformar um cliente em um detrator da marca. Assim, quando a empresa opta por utilizar robôs para interagir com seus clientes, naquele momento de interação está acontecendo o Encontro de Serviços.

Interessante notar, entretanto, que, apesar dos avanços tecnológicos e da supostamente óbvia importância do cliente que foi se popularizando, particularmente a partir da década de 1960, as empresas atuais investem em robotização, automação e algoritmos com a mesma mentalidade de mais de cem anos atrás: põem o cliente em segundo plano e priorizam o uso dos robôs para eficiência e produtividade. No fim das contas, é o mesmo foco exclusivo no lucro, a despeito – ou em detrimento – do cliente. Nessa equação, portanto, o cliente aparece tão somente como um meio (uma espécie de "pedágio") para o verdadeiro objetivo final das empresas: elevar os lucros.

Esse formato (máquina primeiro, cliente depois) pode tomar várias formas. Por exemplo, preocupadas apenas com sua performance, organizações de saúde por vezes esquecem a importância de focar o paciente. Com a introdução de robôs para aumentar a produtividade e reduzir o custo da empresa, situações muito sensíveis estão em risco. As máquinas podem ser mais prejudiciais do que benéficas, do ponto de vista do paciente/cliente, como em casos de emergências médicas (Lindström *et al.*, 2020), em situações com vítimas de violência doméstica (Kiamanesh e Hauge, 2019), ou em culturas em que a comunicação não verbal é muito relevante (Pantano, 2020).

Em outro caso, provavelmente já vivenciado por você, ao tentarmos falar com uma empresa (para buscar suporte técnico, por exemplo), somos atendidos por um *script;* um *bot* pré-programado com respostas. Ainda que possamos ficar irritados quando não conseguimos o que buscávamos (ou mesmo cessar de vez o relacionamento com a empresa), a organização está feliz, lendo um relatório que mostra que o robô consegue atender uma quantidade muito maior de clientes e é muitíssimo menos custoso do que um atendente humano.

Não acredito que haja como frear as novas tecnologias e que a robotização e a algoritimização deixarão de tomar mais e mais espaço em nossas vidas pessoais e profissionais. Também não penso que haja apenas pontos negativos ou preocupantes no uso de robôs e IAs. Porém, aqui a questão é outra...

Acredito que não tenha competência para sustentar um debate sociológico sobre os potenciais impactos da inteligência artificial na população, nas instituições e em questões sociais como um todo. Entretanto, destaco, investir tempo em refletir sobre o tema é vital, e recomendo que você tente se informar regularmente.

Note-se, ainda, que foi somente há pouco, em um passado bem recente, que países começaram a tratar de questões legais e regulatórias específicas para o campo da IA. Em dezembro de 2023, a União Europeia chegou a um consenso para o "A.I. Act", visando dar suporte ao controle e regulamentação das inteligências artificiais, e, em 13 de março de 2024, o Parlamento Europeu aprovou o chamado "Regulamento Inteligência Artificial", a primeira legislação do mundo que visa assegurar um desenvolvimento de IA centrado no ser humano.

Dado esse cenário, e mantendo estritamente o foco no Marketing e no mundo dos negócios, entendo que o relevante para nós, profissionais, estudiosos e empresários, refletirmos, é como conseguiremos ajudar a empresa a, sim, reduzir seus custos e maximizar seus resultados, mas sem esquecer que o foco da organização é sempre o cliente, e a adição de robôs e/ou inteligência artificial na operação jamais pode deixar o cliente fora de prioridade.

CAPÍTULO 28

A RESPONSABILIDADE QUE CARREGAMOS

Histórias importam. Histórias têm sido usadas para despossuir e para confundir. Mas histórias podem também ser usadas para empoderar e para humanizar.

Chimamanda Ngozi Adichie

Trabalhar com Marketing é muito prazeroso e divertido! É estimulante ter que resolver algum desafio na empresa, tal como ajudá-la a trazer mais clientes, ampliar o alcance da marca, fomentar engajamento, criar campanhas comunicacionais e comerciais...

Na busca pelas melhores soluções, vamos procurar mais sobre a questão, estudar, ver *cases* do mercado, fazemos *brainstormings*, desenhamos planos, apresentamos ideias criativas para o chefe e depois vemos todas aquelas coisas bacanas sendo implementadas, acessadas e usadas pelos clientes.

Ao longo desse processo, aprendemos, vemos exemplos inspiradores, temos contato com novidades tecnológicas, com *benchmarks* inovadores... Enfim, é algo que, acredito, costuma ser muito satisfatório para quem atua e se interessa por Marketing.

Mas, agora, pare por um momento e responda sinceramente: você já refletiu sobre o **tamanho da nossa responsabilidade** enquanto profissionais de Marketing?

Isto mesmo: o Marketing é muito significativo para uma enormidade de pessoas e instituições em todo planeta, ajudando a moldar a própria cultura das diferentes nações. É necessário ter muita consciência, ética e responsabilidade quando utilizamos nosso conhecimento para praticar – e certamente para lecionar! – o Marketing.

Sempre lembro os meus alunos de que trabalhar em Marketing vai muito além de aumentar o lucro das empresas. Entregar resultados é importante, claro; mas, ao compreendermos melhor o peso (quase um superpoder, em alguns casos!) das ações de Marketing, você estará em melhor posição para ajudar a organização e será um agente ativo e útil na construção de uma sociedade mais consciente, justa, sustentável, plural e igualitária.

Marketing como supervilão mundial

Nossa área é um poderoso agente social, com grande influência nos comportamentos e desejos das pessoas. Com alguma cautela, podemos mesmo afirmar que o Marketing influencia a sociedade e suas diversas instituições ao apontar o que é certo ou errado, bom ou ruim. O Marketing também impacta em decisões sociais de larga escala, como na opinião popular acerca de temas diversos, tais como aborto, casamento homoafetivo, liberdade de expressão ou o armamento da população.

Conforme as inteligências artificiais se popularizam, a influência do Marketing ganha mais possibilidades e formas de persuadir indivíduos e a sociedade em determinadas escolhas (Moutinho e Menezes, 2023), como no caso da seleção dos líderes de governos e de importantes instituições internacionais. Somente em 2024, houve eleições importantes em mais de 50 nações ao redor do planeta, com grande impacto das inteligências artificiais, quando partidos e candidatos utilizaram vastamente vídeos, áudios, textos e imagens gerados total ou parcialmente por IAs.

Adicionalmente, vale destacar os impactos nas crianças e nos adolescentes – vítimas frequentes do Marketing irresponsável. Por exemplo, a OMS (Organização Mundial da Saúde) e o Unicef (Fundo das Nações Unidas para a Infância) alertaram, em uma pesquisa realizada entre 2019 e 2021, sobre o impacto que campanhas de Marketing podem ter em mães e seus recém-nascidos, com destaque para a importância da amamentação e do leite materno. A pesquisa disse que o "marketing agressivo" de substitutos ao leite materno pode fazer com que mães e familiares acreditem ser melhor usar as "fórmulas" para deixar a criança mais saudável. Ainda de acordo a pesquisa, as organizações chegaram a acusar as fabricantes de fórmulas de "usar táticas manipulativas de Marketing" e de "distorcer a ciência e a medicina para legitimar e empurrar seus produtos"[64].

---

64 *"How the marketing of formula milk influences our decisions on infant feeding"*
https://www.unicef.org/documents/impact-bms-marketing

Em outro caso, ocorrido em 2022[65], diversas crianças embebedaram-se com tequila em uma creche dos Estados Unidos. A garrafa, chamativa e bem colorida, despertou a atenção de uma criança, que pegou a bebida do pai, levou à escolinha e compartilhou com os coleguinhas. Um porta-voz da escola lamentou que "esses tipos de bebida sejam facilmente confundidos com alimentos seguros ou amigáveis para crianças".

Exemplos ligados a adolescentes são ainda mais vastos e devastadores. Os jovens passam por muitas mudanças eles próprios (físicas, emocionais, psicológicas), mas também precisam lidar com desafios coletivos, em suas relações com amigos, familiares, professores etc. As mensagens que as marcas adotam junto aos jovens podem ter enorme impacto na sua formação individual e em seu comportamento em grupo. A roupa a se vestir, quais são as músicas bacanas, os ídolos do momento, o jeito mais "na moda" de se portar e falar... tudo isso é muito instigado pelo Marketing das organizações, bem como por celebridades e outros influencers digitais, e ajudará a formar a personalidade dos adolescentes.

A pressão para ser "*cool*", pertencer a um grupo, ser aceito e não ser alvo de chacota pode ser muito pesada para algumas pessoas. Há muitos casos de jovens que se automutilam ou mesmo tiram suas próprias vidas por impactos de interações e conteúdos em redes sociais (Memon *et al.*, 2018). Na França, em 2023[66], um adolescente de 13 anos também seguiu o mesmo caminho trágico após ser perseguido na escola por colegas homofóbicos.

---

65 *"A class of kindergartners accidentally drank tequila during snack time at a Michigan school"*
https://www.businessinsider.com/michigan-kindergartners-accidentally-drank-tequila-during-snack-time-2022-4

66 "França: suicídio de menino perseguido por colegas homofóbicos reabre debate sobre bullying na escola"
https://noticias.uol.com.br/ultimas-noticias/rfi/2023/01/31/franca-suicidio-de-menino-perseguido-por-colegas-homofobicos-reabre-debate-sobre-bullying-na-escola.htm

Casos de alta gravidade, ou mesmo de mortes, são realidade constante na vida de muitas crianças e jovens[67], grupos particularmente influenciáveis pelos apelos de Marketing. O volume de tragédias ligadas aos videogames vem crescendo, incluindo casos de um adolescente de 14 anos que matou a mãe e irmãos[68]; e o de uma professora espancada por tirar o jogo do aluno[69], para citar alguns.

Os impactos negativos do Marketing à sociedade são diversos e os veremos frequentemente ao longo da história. Alguns, infelizmente, parecem se repetir, como se estivessem tão profunda e "naturalmente" enraizados que são frequentemente tratados em iniciativas de Marketing de forma muito aberta e sem culpa.

Nesse contexto, é comum ver minorias sendo simplesmente desconsideradas pelo Marketing, como no caso de pessoas refugiadas ou de pessoas com deficiência. Os grupos minorizados ou sub-representados (vulgarmente chamados de "minorias sociais") passaram a chamar a atenção das empresas a partir do momento em que começaram a formar importantes segmentos de consumidores, com significativos impactos na economia. Esse é o caso das mulheres e das pessoas negras, ambos grupos que, no Brasil, formam a maioria da população. Já nos Estados Unidos, essa atenção ou "cuidado" repentino é perceptível também no caso de consumidores latinos e asiáticos.

---

67 "Da anorexia à compulsão, por que a incidência de transtornos alimentares nas adolescentes nunca foi tão alta"
https://oglobo.globo.com/saude/bem-estar/da-anorexia-compulsao-por-que-incidencia-de-transtornos-alimentares-nas-adolescentes-nunca-foi-tao-alta-25488072

68 "Adolescente mata mãe e três irmãos a tiros influenciado por jogo online, diz polícia"
https://revistacrescer.globo.com/Saude/noticia/2022/02/adolescente-mata-mae-e-tres-irmaos-tiros-influenciado-por-jogo-online-diz-policia.html

69 "Professora é espancada nos EUA após tirar videogame de aluno"
https://www.correiobraziliense.com.br/mundo/2023/03/5077057-professora-e-espancada-nos-eua-apos-tirar-videogame-de-aluno.html

O lucro acima de tudo

Como falamos em diversos momentos ao longo deste livro, é importante que os profissionais de Marketing entreguem resultados às organizações para as quais trabalham. Ajudar a empresa a crescer é uma solidificada premissa em Marketing.

A busca frenética pelo lucro, entretanto, pode levar profissionais e empresas a desvirtuarem-se de diferentes maneiras. Carvalho (2021) aponta que, não raro, a função primária dos produtos não é atender às necessidades dos clientes, mas ajudar no crescimento das margens das empresas. O autor ainda destaca que "quando quem está no comando é o lucro, todo o resto obedece" (p. X).

A constante exigência por resultados financeiros no Marketing não é nova e já vem sendo alardeada por intelectuais da nossa disciplina há tempos (veja, por exemplo, Kumar, 2015). Curiosamente, porém, nossos ancestrais da área enxergavam o Marketing funcionando de forma mais harmônica entre organizações e a comunidade (Clark, 1921).

As empresas têm criado técnicas mais sofisticadas para confundir o cliente, fazê-lo gastar mais – mesmo em itens dos quais não precisa –, e manter suas máquinas de lucro funcionando a todo vapor. Por exemplo, vale citar a tática conhecida como reduflação, quando uma empresa reduz a quantidade de um produto, no entanto mantém todo o resto, incluindo preço e embalagem[70]. Assim, aquela lata de 500g de achocolatado que você costumava comprar por $ 20 continua com o mesmo preço e na mesma latinha, porém passa a trazer 450g apenas. O consumidor não percebe a sutileza e é enganado a pagar o mesmo valor por uma quantidade menor do produto. Em outro caso de empresas ludibriando os consumidores, podemos lembrar das práticas do "tudo pela metade do dobro", infelizmente já comuns durante as Black Fridays. E, em um último

---

[70] "Reduflação: produtos mais caros, mas com menos quantidade"
https://www.deco.proteste.pt/familia-consumo/supermercado/noticias/reduflacao-produtos-mais-caros-menos-quantidade

exemplo de "Marketing enganador", vale recordar a técnica chamada de obsolescência programada, quando produtos deliberadamente são concebidos com vida útil limitada, como no caso de roupas que rapidamente sairão de moda, eletrodomésticos que param de funcionar logo após o término da garantia, ou telefones e aplicativos que perdem suporte ou acesso a atualizações.

Mas o que podemos fazer?

Já há algumas décadas, autores como Bitner e Brown (2008), rogavam para que empresas, universidades e nações se dedicassem e unissem forças, com vistas a conceber produtos e serviços para tratar de problemas sociais, bem como questões ambientais e climáticas. Intelectuais como Klein (2002) e Chomsky (2002) já apontavam o papel fulcral que organizações públicas e privadas ocupam no alargamento de desigualdades e divisões das sociedades pelo mundo. Hoje, esses apelos fazem ainda mais sentido, pois permanecemos com muitos problemas sociais, a mudança climática ainda não é tratada com a devida dedicação, forças extremistas políticas crescem com a ajuda de fake news e desinformação, e as organizações são mais e mais demandadas a agir com transparência e responsabilidade.

Entretanto, rumando firmes em direção oposta, as empresas seguem aprimorando-se em disfarçar seus esforços comunicacionais e de vendas de forma cada vez mais sutil, entranhando-se como um "camaleão" (Carrascoza, 2020) em eventos culturais, competições esportivas, shows de artistas, programas noticiosos, filmes e seriados, músicas, em vias públicas, entre outros. Assim, em vez de ajudarem a resolver questões significativas, não raro as empresas optam por aprimorar formas de ludibriar a sociedade, tornando as pessoas em meros consumidores apáticos e alienados, comprando desenfreadamente e alimentando o crescimento daquelas organizações que usarão o lucro das vendas para seguir nutrindo esse ciclo vicioso.

A noção consciente de que os profissionais de Marketing têm grande responsabilidade na sociedade como um todo parece ter se fragmentado ao longo das últimas décadas, muito embora em momentos importantes da História Mundial diversos pensadores acreditassem que o Marketing poderia ser uma peça importante, como no período que sucederia a II Guerra Mundial, quando o mundo temia o crescimento do nazismo, como sugerido em um artigo de Jones Jr., de 1943.

Com isso em mente, os profissionais de Marketing devem, em primeiro lugar, ter consciência de que suas ações têm impactos diversos para muito além de meramente vender os produtos de uma marca. Em segundo, precisamos sempre nos guiar pela ética[71]; friamente questionando nossas atividades e, quando possível, adicionando opiniões de outras pessoas, de forma a conseguir ter uma visão mais diversa e plural em relação às nossas entregas. Em terceiro, devemos ter consciência de trabalhar visando a harmonia entre os objetivos da organização e as necessidades da comunidade (Kotler, 2024).

O futuro é cada vez mais imprevisível, turbulento, com constantes instabilidades políticas por todo o mundo, e outras ameaças globais, como pandemias e a mudança climática (Carvalho, 2021). O momento em que vivemos é batizado de *"permacrisis"*, nas palavras de Sarkar, Kotler e Foglia (2023), que acrescentam que, em ambientes de constantes turbulências e rupturas, a estratégia comum às empresas de extrair, sugar o máximo possível não é mais sustentável.

Nesse cenário de frequentes mudanças, o papel dos profissionais do Marketing em contribuir com uma evolução mais positiva da sociedade torna-se cada vez mais necessário. É preciso que as organizações concebam estratégias de Marketing olhando não apenas para seu crescimento, mas também para o desenvolvimento da sociedade simultaneamente. Devemos atuar com muita responsabilidade – seja para com nossos empregadores, seja para com os clientes, e sem esquecer os demais *stakeholders* envolvidos e os potenciais impactos na sociedade como um todo.

---

71   Veja o Código de Ética criado pela American Marketing Association (AMA) https://myama.my.site.com/s/article/AMA-Statement-of-Ethics

CAPÍTULO 29

É FESTA NO MARKETING!

Regrets, I've had a few
But, then again, too few to mention (...)
And more, much more than this
I did it my way

Frank Sinatra

Este livro que você tem em mãos trouxe muitas questões sensíveis e críticas sobre a disciplina de Marketing, bem como sobre o papel e a responsabilidade dos profissionais da área acerca do impacto de suas ações nas organizações e na sociedade como um todo.

Pegando carona nas palavras de Sinatra[72], sim, há alguns arrependimentos ao longo do trajeto. Entretanto – e mais importante –, tanto o Marketing quanto nós, profissionais, professores, estudantes e pesquisadores da área, seguimos o nosso caminho. Pouco a pouco viemos superando os desafios e nos aprimorando para servir melhor aos propósitos das organizações e das comunidades nas quais estamos inseridos. Portanto, agora, este capítulo é um momento para **celebrarmos o Marketing**.

O ano de 2024 marca muitas comemorações importantes para a história do Marketing. Os esforços que fizemos para lançar a obra ***MAIS MARKETING, menos guru – Seu guia de sobrevivência em um mercado repleto de falácias e superficialidades*** especificamente neste ano certamente não foram poucos. São muitos aniversários de datas que marcaram significativamente nosso campo, especialmente para o Marketing lusófono: são 70 anos de Marketing no Brasil e 40 anos em Portugal.

Há algum consenso entre diversos autores (por exemplo, Cobra, 2002; Oliveira, 2004; Costa e Vieira, 2007; Cobra, 2014) de que o primeiro curso de Marketing em terras brasileiras aconteceu na Escola de Administração de Empresas de São Paulo (EAESP), da Fundação Getulio Vargas (FGV), e que o responsável pela conquista foi o professor da Raimar Richers[73]. O surgimento da disciplina foi

---

72 A letra da epígrafe deste capítulo é da música *My Way* (composta por Paul Anka, mas imortalizada na voz de Frank Sinatra). Em uma tradução livre, a passagem diz: "Arrependimentos, eu tive alguns. De todo modo, muito poucos para mencionar. Porém mais, muito mais que isso, eu fiz o meu caminho".

73 Richers é suíço-brasileiro, publicou vários livros e também artigos, inclusive no *Journal of Marketing*. Foi também referenciado em livros importantes na década de 80 (como na obra *Essentials of Marketing*, de 1985, de Jerome McCarthy, o criador dos 4 Ps).

consequência de um acordo bilateral entre os governos do Brasil e dos Estados Unidos – este último, buscava ampliar sua influência global no período do pós-guerra (Boshi et al., 2016). A parceria, segundo o próprio Richers (1994), permitiu um intercâmbio entre professores da FGV e da Michigan State University (MSU), e o professor norte-americano Ole Johnson foi o primeiro a ministrar aulas de Marketing em um curso da FGV, em 1954.

> Martins (1989) aponta que a Faculdade de Economia e Administração (FEA-USP), em 1946, pode ter sido a primeira a oferecer cursos de Marketing. O professor da escola, Álvaro Porto Moitinho, usou o termo "mercadologia" em seu livro *Ciência da Administração* (de 1947), que seria uma adaptação ao português da palavra inglesa *"marketing"*.

Até hoje, a FGV é uma grande referência no país, além de ser considerada entre as principais Escolas de Negócios do mundo. Em 2010, tive a felicidade de contribuir com essa história ao lançar o primeiro curso de MBA em Marketing Digital da instituição. Ao lado de meu mentor à época, Luis Sá, coordenei e lecionei em diversos programas da FGV até 2017.

Em Portugal, entretanto, o Marketing ainda levaria trinta anos para nascer como uma disciplina acadêmica. A ditadura salazarista[74] dificultava o acesso de organizações internacionais ao país, bem como não permitia o uso de palavras estrangeiras. Com o retorno da democracia, em 1974, o mercado passou a evoluir e a crescer mais rapidamente, bem como a demanda por profissionais qualificados. Como resposta às necessidades das empresas, em 1984 nasce o Instituto Português de Administração de Marketing (IPAM), que ofertou o primeiro curso de Marketing no país no mesmo ano de

---

74 Também conhecida como Estado Novo, foi um regime político autoritário e corporativista, liderado pelo ditador António de Oliveira Salazar. A ditadura em Portugal vigorou de 1933 até a Revolução de 25 de abril de 1974.

sua fundação. A escola segue prosperando até os dias atuais, oferecendo educação especialmente focada em Marketing para alunos portugueses e estrangeiros.

O IPAM é reconhecido como a principal escola de Marketing de Portugal e muitos dos principais executivos de Marketing de grandes empresas que atuam no país são ex-alunos da instituição. Desde 2018, tenho a felicidade de ser professor e orientador em diversos cursos da instituição (licenciaturas, pós e mestrados) e de ter ajudado a formar alunos de dezenas de países.

Mais ainda há tanto a celebrar...

Levaria muitas páginas e mais uns tantos capítulos para fazer jus às interessantíssimas histórias sobre a prática e o pensamento do Marketing no Brasil e em Portugal. Para nos aprofundarmos em outros marcos e aniversários importantes para nossa área, ainda que celebrando a data exclusivamente em 2024, seriam necessários mais alguns capítulos. Assim, e dadas as limitações, vou elencar a seguir apenas alguns dos marcos mais relevantes da nossa disciplina, que devemos celebrar não apenas em 2024, mas por muitos anos que virão.

Para ajudá-lo, listo em ordem cronológica:

→ **1934** – É lançada a primeira revista científica exclusivamente sobre Marketing, *The American Marketing Journal*.

→ **1964** – Neil Borden publica um artigo em que explica como, onze anos antes, teve a ideia de cunhar o termo Marketing Mix, que viria a se tornar um dos conceitos mais basais e conhecidos em nossa disciplina.

→ **1974** – O mais famoso livro de nossa disciplina, *Administração de Marketing*, de Philip Kotler, tem sua primeira edição publicada no Brasil. O livro é lançado pela Editora Atlas em três volumes.

→ **1994** – É um ano muito frutífero para o Digital, com a fundação da Amazon e do Yahoo!, o lançamento do primeiro browser

(Netscape Navigator), e o primeiro banco online (Stanford Federal Credit Union). Houve também a primeira compra via comércio eletrônico da história: um CD (Compact Disc) do cantor Sting, vendido pelo já extinto site NetMarket. Também neste ano, os primeiros alunos de Marketing de Cabo Verde formavam-se no bacharelado "Gestão de Marketing", do ISCEE (Instituto Superior de Ciências Econômicas e Empresariais), lançado três anos antes. Em 2022, tive a oportunidade de entrevistar um dos alunos da primeira turma, Felisberto Moreira[75], que me relatou que "muitos dos formandos ocupam atualmente posições de destaque em grandes organizações públicas e privadas no país".

→ **2004** – Dois pesquisadores nórdicos, Stephen Vargo e Robert Lusch, propõem um novo paradigma ao Marketing. A chamada Lógica Dominante de Serviços indica que a competição, cada vez mais, será baseada em questões ligadas aos serviços em vez de bens tangíveis. Neste mesmo ano, a Sociedade Portuguesa de Comércio (SPC), fundada três décadas antes, muda seu nome para Associação Portuguesa de Profissionais de Marketing (APPM). No mundo virtual, nasce o Facebook, criado por Mark Zuckerberg, pelo brasileiro Eduardo Saverin e outros dois colegas da Harvard University.

→ **2014** – Depois de exatos 10 anos de existência, o Orkut, a primeira rede social que virou febre entre internautas brasileiros, encerrava suas operações. O Orkut certamente deixou muita saudade em tantos de seus membros.

É preciso que conheçamos mais acerca da história da nossa disciplina, para que evitemos erros passados e asseguremos que mais e mais datas comemorativas venham e encham nossa área de orgulho, elevando o Marketing ao devido patamar de agente-chave na construção de um futuro melhor.

---

75 Docente universitário, ex-presidente do Conselho de Administração da Fundação Cabo-verdiana de Ação Social Escolar (FICASE), ex-presidente da Assembleia Municipal de Santa Catarina e ex-técnico de Marketing nos Transportes Aéreos de Cabo Verde.

CAPÍTULO 30

AUTOBIOGRAFIA: MARCOS COBRA – MINHAS DÉCADAS DE CONTRIBUIÇÃO AO MARKETING

Marketing é a arte e a ciência do conhecimento do comportamento humano no consumo de produtos e serviços.
Robert Bartels

A essa altura você já deve estar familiarizado: Marketing é o processo de conquistar e manter clientes, conforme nos disse Theodore Levitt há décadas. A nossa disciplina existe há mais de cem anos, tendo surgido nos Estados Unidos como uma maneira de administrar a demanda de bens e serviços.

No Brasil, a pioneira Escola de Administração de Empresas de São Paulo (EAESP), da Fundação Getulio Vargas (FGV) – com apoio da Michigan State University e com patrocínio do governo norte-americano e da Fundação Ford (em uma iniciativa conhecida por Ponto 4) –, introduziu o ensino de Marketing como disciplina dentro de seus programas de administração de empresas. Pelo lado da FGV, os professores Raimar Richers, Orlando Figueiredo e Polia Lerner Hamburger, seguidos de Affonso Arantes e outros, foram os pioneiros do ensino do Marketing no Brasil. Isso foi há tempos; em 1954. Ou seja, não só o Marketing, mas todo o ensino de Administração de Empresas, foi introduzido em nosso país pela EAESP, da FGV.

Seguindo o caminho da Fundação Getulio Vargas, outras instituições passaram a oferecer cursos de Marketing: a Escola Superior de Administração de Negócios (ESAN), da Faculdade de Engenharia Industrial (FEI) e a Escola Superior de Propaganda que, posteriormente, se tornou a renomada Escola Superior de Propaganda e Marketing (ESPM), casa de outros professores pioneiros na disciplina, dos quais destaco Francisco Gracioso e Otto Scherb.

Ainda em relação ao Brasil, as primeiras ações de publicidade vieram de empresas, sobretudo as multinacionais. Interessantemente, um dos fatos mais pitorescos das primeiras ações publicitárias deve-se ao poeta Olavo Bilac, que concebeu um anúncio em 1918, em forma de cartaz, que ficava colado no lado externo de bondes elétricos na cidade de São Paulo (veja na página a seguir). A propaganda falava do Rhum Creosotado, um remédio para tosse, rouquidão, gripe, resfriados e bronquite.

O Marketing deve agir como uma ferramenta para tornar um produto ou um serviço em uma fruta saborosa de ser degustada e apreciada. Não, o Marketing não é apenas vendas; mas também o é!

> Veja, ilustre passageiro,
> O belo tipo faceiro
> Que o senhor tem a seu lado.
> E, no entanto, acredite
> Quase morreu de bronquite
> Salvou-o o RHUM CREOSOTADO!

Anúncio do Rhum Creosotado, concebido em 1918 pelo poeta Olavo Bilac

Novos desafios ao Marketing

Nossa disciplina passa por diversos desafios: seja frente às inteligências artificiais, ou às mudanças sociais e nos indivíduos (as inteligências relacionais e espirituais).

A inteligência artificial tem substituído o trabalho básico, enquanto a inteligência emocional tenta manter o ânimo para potenciar o crescimento das organizações, ao passo que a inteligência espiritual identifica e impulsiona a alma das organizações. Ou seja, sua verdadeira razão de ser e seu real valor.

Outro ponto que se mostra desafiador para nosso campo é o fato de que os novos gestores, ou líderes, de uma organização devem atuar como fomentadores, rentabilizadores, mantenedores e ampliadores da cultura organizacional de uma instituição – seja ela de fins lucrativos ou não. E essa atitude é fundamental na preservação e ampliação das ideias iniciais do fundador da empresa e no sucesso da organização.

E como entra o Marcos Cobra nesse cenário?

Nasci em São Paulo, capital, como Marcos Henrique Nogueira Cobra. Após ter passado pelo colégio Maria José e Paes Leme, fiz minha graduação, pós-graduação, mestrado e doutorado – tudo na Fundação Getulio Vargas. Na instituição, também fui professor (de 1976 a 2010), chefe do departamento de Marketing por quase dez anos, coordenador de intercâmbios internacionais e vice-coordenador do PEC (Programas de Educação Continuada). Meu pós-doutorado, entretanto, fugiu do padrão e o concluí na University of Texas System (UTS), nos Estados Unidos.

Em minha carreira, tudo começou com um sonho de um jovem estudante de Administração: adentrar a área de consumo e entender o que é Marketing. Bem... todo jovem tem um sonho de vida e já pensou em como responder à questão clássica: "O que você quer ser quando crescer?".

Desse início despretensioso até os dias atuais, já são 52 livros editados – em diversos países e chegando às mãos de muitos milhares de estudantes, professores, profissionais e apaixonados pelo Marketing em todo o mundo. Adicionalmente, ajudei diversas empresas em projetos-chave ligados ao Marketing, em oportunidades junto a organizações como Sociedade Construtora Aeronáutica Neiva, Grupo Saint Gobain, Plásticos do Brasil, TAM Linhas Aéreas, Vale, Pirelli, Sadia, Avon, entre tantas outras.

Ao longo do percurso, vale destacar, houve alguns professores aos quais devo minha carreira. Por exemplo, o professor da FGV Affonso Cavalcante Arantes foi quem me convidou para dar aulas. Entrei no mundo da docência por meio da Escola de Engenharia Mauá – meu primeiro desafio como professor de Marketing.

O professor Orlando Figueiredo não apenas foi quem me indicou ao meu primeiro emprego no ambiente corporativo, mas também atuou como meu orientador de mestrado. Mais do que isso, foi também o professor Figueiredo que me indicou para lecionar em programas de doutorado, especificamente na disciplina de Administração de Marketing.

Já o professor Richers, um dos pioneiros do Marketing no Brasil, foi meu orientador de doutorado, além de termos sido sócios na Raimar Richers, Cobra e Associados Consultoria. Por fim, cito o Wilton de Oliveira Bussab, de quem fui parceiro por anos na disciplina de Marketing Quantitativo.

Minha carreira na academia foi muito rica e ativa. Além da publicação de livros e artigos, de centenas de entrevistas e palestras, também lecionei e orientei alunos de mestrado e de doutorado até 2023.

Entrei na Fundação Getulio Vargas, na EAESP, em 1966, e lá fiquei até 2010. Uma das conquistas que destaco foi ter atuado, entre 1986 e 1991, como Coordenador Brasileiro em uma parceria entre a FGV e a Pace University, em Nova Iorque (EUA), que oferecia programas internacionais para executivos. Em tantas ocasiões, fui professor convidado de instituições diversas, com destaque para minha experiência em uma das melhores escolas de negócios do mundo, a Universitá Luigi Bocconi, em Milão (Itália), onde lecionei Marketing de Serviços na década de 1990. Ainda referente à minha experiência docente internacional, em 2010 me juntei à Universidad de la Empresa, em Montevidéu (Uruguai), e lá fiquei até recentemente, em 2023. Em outros exemplos de minha atuação em instituições de renome, ainda cabe destacar a FEA-USP (onde lecionei Marketing de Turismo), a Universidade Mackenzie (na coordenação de cursos para executivos) e a Universidade Federal do Amazonas (na qual atuei como convidado em cursos de mestrado).

Ao longo de tantas décadas na academia, fico feliz em ter ajudado inúmeros alunos em seus cursos e em produções acadêmicas. Para além dos exemplos já mencionados, estive em bancas de mestrado e doutorado em escolas federais no Brasil, tais como a (Universidade Federal...) do Paraná, de Minas Gerais, do Rio Grande do Sul, de Pernambuco, do Ceará, entre tantas e tantas outras.

Livros de referência em Marketing, Vendas e Gestão

Sempre tive muita facilidade e gosto por escrever. Ao longo de meu percurso, foram mais de 50 livros lançados, muitos dos quais *best-sellers*, bem como diversos que ainda são, atualmente, utilizados por professores, estudantes e profissionais de Marketing. As obras foram editadas em diversos mercados (Brasil, Portugal, Colômbia, Uruguai) e por alguns dos principais players do mercado global, tais como os *publishers* Atlas-GEN, Elsevier, McGraw-Hill, Saraiva, Makron Books e Gestão Plus, para mencionar algumas. Vale acrescentar, desde 2002 mantenho a Cobra Editora.

Dentre minhas publicações, há diversos livros com foco em setores específicos (Financeiro, Turismo, Educação, Moda, Entretenimento) e outros que foram amplamente adotados como livros-texto de referência em muitos programas educacionais em instituições lusófonas e de língua espanhola. Os dois primeiros, *Administração de Marketing e Marketing Básico*, nasceram em 1981 e, a partir daí, passei a ter novos lançamentos ou novas edições de livros praticamente todos os anos até minha mais recente publicação, o *Marketing de Serviços*, de 2021. Já meu primeiro lançamento em outro idioma deu-se em 1992, com o *Marketing de Servicios: conceptos y estrategias*.

Nesse vasto rol de publicações, alguns títulos lograram grande vendagem, dos quais destaco alguns de grande impacto no mercado e na academia (a seguir, alguns dos livros e a data da primeira edição):

- → *Administração de Vendas* (1981)
- → *Marketing Básico* (1983)
- → *Marketing de Serviços* (1986)
- → *Marketing Essencial* (1986)
- → *Ensaio de Marketing Global* (1995)
- → *Sexo & Marketing* (2002)
- → *Marketing de Serviços Financeiros* (2016)

Dentre as diversas obras, cabe destacar duas que são focadas especificamente no contexto brasileiro: *Marketing: Casos Brasileiros* (primeira edição de 1985), e o *Administração de Marketing no Brasil* (de 2003). Para além da inovação de trazer casos e aplicações práticas dos conceitos da disciplina especificamente dedicados à realidade do mercado no Brasil, ambos estiveram, por anos, entre os livros mais utilizados em cursos de graduação e pós-graduação em Marketing no país.

O livro *Sexo & Marketing* também é um caso bem interessante. A utilização de apelos de sexualidade na propaganda tornou-se uma constante na busca de diferenciação de uma marca, conferindo sentimentos como amor, paixão e erotização de uma marca. Vale destacar a pioneira escritora e pensadora brasileira a tratar a erotização na literatura, Ercília Nogueira Cobra[76] (1895 – 1977), que afirmava que a virgindade da mulher era anti-higiênica.

E para finalizar...

O Marketing é dedicado ao estudo de necessidades e desejos dos consumidores acerca de produtos e serviços. A vida é um sonho de consumo para a realização pessoal ou profissional de qualquer pessoa; enquanto para outras pessoas, a posse de um objeto de desejo, em muitas ocasiões, pode até mesmo passar a ser uma meta de vida!

Atualmente, as inteligências – artificial, emocional e espiritual –, são cada vez mais potenciadas pelas inovações tecnológicas e de avançadas técnicas de neuromarketing, são utilizadas para identificar necessidades e desejos dos consumidores; mesmo aqueles desejos que o consumidor tem e não sabe que tem.

Mas, afinal, quem nasceu primeiro: o ovo das Vendas ou a galinha do Marketing?

---

76 (Nota do Autor) Aqui, trata-se da mãe do professor Marcos Cobra. Ercília foi cofundadora da Federação Brasileira pelo Progresso Feminino, em 1922, e escreveu livros como *Virgindade Anti-higiênica* (primeiramente publicado por Monteiro Lobato, em 1924) e *Virgindade Inútil* (1927), além de diversos outros textos.

"Cacarejar no mercado para induzir o cliente a comprar" implica, em primeiro lugar, identificar necessidades não atendidas – ou mesmo aquelas que o consumidor nem sonha que tem!

Como vê, tantos anos de atividade em Marketing resultaram em contribuições que, fico feliz, seguem úteis para ajudar estudantes e profissionais a trilharem um sólido caminho rumo ao sucesso. Sigo com eventuais participações em algumas atividades, como o recente convite para integrar o Hall da Fama do Marketing no Brasil (em uma iniciativa da Academia Brasileira de Marketing, Abramark).

Ter trabalhado ao lado dos principais pioneiros do Marketing no Brasil, bem como ter contribuído pessoal e diretamente com o avanço de nosso campo, é uma felicidade que só se equipara ao gosto por seguir relevante para tantos de nós, tão apaixonados pelo Marketing.

Você encontrará meus livros, artigos, entrevistas, aulas e palestras na íntegra, além de tantos outros conteúdos com minhas contribuições ao Marketing, em uma simples busca no Google.

Marcos Cobra, *professor, doutor, conferencista, autor e um dos pioneiros do Marketing no Brasil.*

CONCLUSÃO

Gostaria de lhe desejar tantas coisas...
Mas nada seria suficiente...
Então desejo apenas que você tenha muitos desejos,
desejos grandes.
E que eles possam mover você a cada minuto
ao rumo da sua felicidade.

Carlos Drummond de Andrade

Pelo que você acompanhou ao longo do livro, a essa altura você já saberá que nossa disciplina é muito jovem. O primeiro curso formal de Marketing do planeta é de 1902, nos Estados Unidos – o que marca o nascimento do pensamento científico da nossa área –, que chega ao mundo já multidisciplinar e preocupado com uma visão do Marketing como agente participativo e influente em um ecossistema mais amplo.

Conforme subáreas do Marketing iam sendo "descobertas", nossos ancestrais tentavam definir melhor os limites da disciplina. No mercado, o aumento da concorrência e a crescente pressão por resultados estimularam o Marketing a entrar cada vez mais no ambiente corporativo, tornando-se uma força essencial para a vantagem competitiva sustentável da organização.

Mais recentemente, com a popularização de técnicas de Marketing e o massivo potencial de alcance das inovações tecnológicas, nossa área passa a perder espaço, seja para amadores, asseclas de gurus, ou para outros departamentos dentro da empresa. Hoje, se por um lado ganhamos capacidade de mensuração e inteligência competitiva, o que há tanto desejávamos, por outro nos encontramos encurralados na caixinha do Digital – ou, menos pior, dentro do P de Promoção.

Nos próximos anos, vamos experimentar, vivenciar, a avalanche das inteligências artificiais. Não é a primeira revolução tecnológica pela qual o Marketing passa, mas, como coloca Harari (2018), a velocidade e a complexidade das mudanças atuais não têm precedentes.

Precisamos, mais do que nunca, nos aprofundar na ciência do Marketing e estudar a disciplina com um olhar mais **crítico, sistêmico e histórico**. Afinal, como nos provoca Carrascoza (2020), não há como pensarmos no futuro se o dissociarmos do passado.

E chegamos ao final desta jornada...

Ao longo do livro, fizemos uma intrigante e apaixonante viagem pela História do Marketing. Falamos das práticas do Marketing do passado, retornando décadas, séculos ou mesmo milhares de anos atrás, mostrando como o Marketing já existia nas relações de troca desde os primórdios da humanidade.

Passamos pelo nascimento da nossa disciplina, no início do século XX, pela evolução do Marketing, pelos vínculos com outras áreas do conhecimento (como Psicologia, Economia e Gestão) e tocamos em assuntos por vezes futuristas, a exemplo das inovações tecnológicas e a popularização da inteligência artificial. No percurso, você conheceu mais sobre a vida de importantes pensadores do Marketing, bem como alguns dos principais textos clássicos que enriquecem nossa área.

Muitos leitores, espero, também se apaixonaram ainda mais pela disciplina e certamente perceberam o tamanho e a importância do Marketing não apenas para empresas e consumidores, mas para diversos perfis de organizações e públicos, que permeiam toda a sociedade moderna. Por fim, essa jornada elevou o seu nível em Marketing e o ajudará a se destacar no mercado.

Faço votos de que os estudos ampliem seus horizontes, conforme passe a mergulhar mais e mais na disciplina. Indo além disso, espero ter inspirado você a buscar seus próprios caminhos pelas vastas possibilidades de referências oferecidas.

Que nos vejamos novamente em um próximo livro! Até lá, seguirei compartilhando conteúdo em meus canais digitais, sempre sob a bandeira **MAIS MARKETING, *menos gurus – Seu guia de sobrevivência em um mercado repleto de falácias e superficialidades.***

REFERÊNCIAS BIBLIOGRÁFICAS

AAKER, David. **The Future of purpose-driven branding:** signature programs that impact & inspire both business and society. New York: Morgan James Publishing, 2022.

ABBAS, Muhammad; JAM, Farooq Ahmed; KHAN, Tarik Iqbal. Is it harmful or helpful? Examining the causes and consequences of generative AI usage among university students. **International Journal of Education Technology in Higher Education**, v. 21, n. 10, 2024.

AJZENTAL, Alberto. **História do Pensamento em Marketing**. São Paulo: Saraiva, 2010.

BARTELS, Robert. The development of marketing thought. Homewood, Ill: Richard D. Irwin, 1962, p. 284. **Business History Review**. Cambridge University Press, v. 37, n. 1-2, p. 126-127, 1963.

BARTELS, Robert. **The history of marketing thought**. Columbus: Grid, 1976.

BECKER, Mark; MAHR, Dominik; ODEKERKEN-SCHRODER, Gaby. Customer comfort during service robots interactions. **Service Business**, v. 17, p. 137-165, 2023.

BITNER, Mary Jo; BOOMS, Bernard H. Marketing Strategies and Organization Structures for Service Firms. In: **Marketing of Services, Chicago**: American Marketing Association, p. 47-51, 1981.

BITNER, Mary Jo; BROWN, Stephen W. The Service Imperative. **Business Horizons**, v. 51, n. 1, p. 39-46, 2008.

BOSHI, Marcelo Rosa; BARROS, Denise Franca; SAUERBRONN, João Felipe R. A introdução da disciplina de Marketing no Brasil. **Revista de Estudos Organizacionais e Sociedade**, v. 3, n. 8, p. 888-956, 2016.

BRASIL. **Código Brasiliense ou collecção das leis**, alvarás, decretos, cartas régias &c. promulgadas no Brasil desde a feliz chegada do príncipe regente N. S. a estes Estados. Rio de Janeiro: Impressão Régia, v. 3, 1808.

BROWN, Stephen W.; FISK, Raymond P.; BITNER, Mary Jo. The development and emergence of services marketing thought. **International Journal of Service Industry Management**, v. 5, n. 1, p. 21-48, 1994.

BRUNSON, Russel. **DotCom Secrets**: the underground playbook for growing your company online. New York: Morgan James Publishing, 2015.

BUTLER, Ralph Starr. **Marketing Methods:** Modern Business, v. 5. New York: Alexander Hamilton Institute, 1917.

CARLZON, Jan. **Moments of Truth.** New York: Ballinger Publishing Company, 1989.

CARMO, Maria Helena; HEES, Tatiana Antinarelli. Narrativas Femininas na Publicidade: o Femvertising. **XIV Congresso Brasileiro Científico de Comunicação Organizacional e de Relações Públicas**, 2020, Bauru/SP.

CARRASCOZA, João Anzanello. **Lágrimas na chuva**: a publicidade no futuro e o futuro da publicidade. Galáxia (São Paulo, online), ISSN 1982-2553, n. 45, set-dez, 2020, p. 207-222.

CARVALHO, Fernando. Designing on the edge of civilization. **International Design Conference, IDSA Education Symposium**, p. 1-10, 2021.

CARVALHO, José Luis Felicio; CARVALHO, Frederico Antonio Azevedo; BEZERRA, Carol. O monge, o executivo, e o estudante ludibriado: uma análise empírica sobre leitura eficaz entre alunos de administração. **Cadernos EBAPE BR**, v. 8, n. 3, p. 535-549, 2010.

CARVALHO, Nino. **Metodologia PEMD:** Planejamento Estratégico de Marketing na Era Digital. São Paulo: DVS Editora, 2023.

CHERINGTON, Paul. T. **The elements of Marketing.** New York: The MacMillan Company, 1920.

CHOMSKY, Noam. **Media Control:** the spectacular achievements of propaganda. New York: Seven Stories Press, 2002.

CLARK, Fred E. Criteria of marketing efficiency. **The American Economic Review,** v. 11, n. 2, p. 214-220, 1921.

COBRA, Marcos. **Administração de Marketing no Brasil.** 4. ed. Rio de Janeiro: Editora Campus, 2014.

COBRA, Marcos. Um resumo do percurso do Marketing brasileiro. **Revista FAE Business,** n. 4, p. 28-32, 2002.

COMISH, Newel Howland. **The Standard of Living.** New York: The MacMillan Company, 1923.

CONTRERAS, Frank Lozada; RAMOS, Mari Zapata L. What is Marketing? A study on Marketing managers' perception of the definition of Marketing. **Fórum Empresarial,** v. 21, n. 1, p. 49-64, 2016.

CONVERSE, Paul D.; HUEGY, Harvey W. **Elements of marketing.** New York: Prentice-Hall, 1946.

COPELAND, Melvin. T. **Marketing Problems.** Chicago: A. W. Shaw Company, 1920.

COSTA, César Renato Ferreira; VIEIRA, Francisco Giovanni David. Marketing no Brasil: pensamento e ação sob uma perspectiva historiográfica. **Caderno de Administração, v.** 15, N.2, p. 39-48, 2007.

CULLITON, James. W. **The Management of Marketing Costs.** Boston: Division of Research, Graduate School of Business Administration, Harvard University, 1948.

CZEPIEL, Jonh A.; SOLOMON, Michael R.; SURPRENANT, Carol F. (eds.) **The Service Encounter:** managing employee/customer interaction in service businesses. New York: Lexington Books, 1985.

DEFFENDALL, P. H. **Actual Business English.** New York: The MacMillan Company, 1922.

DES BRÛLONS, Jacques Savary. **Dictionnaire universel de commerce.** Geneve: Chez les Heritiers Cramer & Freres Philibert, v. 2, 1742.

DRUCKER, Peter. **Administração**: tarefas, responsabilidades e práticas. São Paulo: Pioneira, 1975.

FERREIRA, António Mega. **Fernando Pessoa, o comércio e a publicidade.** Lisboa: Cinevoz Lusomedia, 1986.

FORTENBERRY, John L.; MCGOLDRICK, Peter J. Do Billboard Advertisements Drive Customer Retention? Expanding the "AIDA" Model to "AIDAR". **Journal of Advertising Research,** v. 60, p. 135-147, 2020.

FOX, Karen F. A.; SKOROBOGATYKH, Irina I.; SAGINOVA, Olga V. Philip Kotler's influence in the Soviet Union and Russia. **European Business Review,** v. 20, n. 2, p. 152-176, 2008.

FRANCO, Gustavo H. **Economia em Pessoa:** verbetes contemporâneos e ensaios empresariais do poeta. Rio de Janeiro: Zahar, 2007.

FULLERTON, Ronald. A. Historical Methodology: the perspective of a professionally trained historian turned marketer. **Journal of Historical Research in Marketing,** v. 3, n. 4, p. 436-448, 2011.

GAMMP, Gabriela. **Era Fernando Pessoa um pensador de Marketing?** Uma análise dos escritos sobre Gestão do Poeta Fernando Pessoa. Dissertação (Mestrado em Administração) – Universidade do Grande Rio. Rio de Janeiro, p. 1-89, 2020.

GAMMP, Gabriela; SAUERBRONN, João Felipe R. Poeta e Pensador de Marketing? Uma análise dos escritos de Fernando Pessoa sobre Gestão. **Revista Interdisciplinar de Marketing,** v. 11, n.1, p. 70-85, 2021.

GRAPENTINE, Terry. Practical Theory. **Marketing Research,** v. 10, n. 2, p.4-11, 1998.

HARARI, Yuval Noah. **21 Lições para o Século 21**. São Paulo: Companhia das Letras, 2018.

HAWKINS, Richard A. Digitized historic newspapers as a primary source for marketing historians. **Journal of Historical Research in Marketing**, v. 14, n. 2, p. 292-302, 2022.

HEATON, Herbert *et al.* **The American Economic Review**, v. 20, n. 1, p. 3-9, 1930.

HON-YU, Ma; HSIN-GINN, Hwang. Shopping to survive or shopping to surprise? Exploring the role of crisis awareness in consumer behavior during the COVID-19 pandemic. **Current Psychology**, 2023.

HUNT, Shelby D. Doctoral seminars in marketing theory: For incorporating the history of marketing practice and thought. **Journal of Historical Research in Marketing**, v. 2, n. 4, p. 443-456, 2010.

IZQUIERDO-YUSTA, Alicia *et al.* Determinantes da experiência do cliente com serviços eletrônicos: o caso das universidades online. **Revista Brasileira de Gestão e Negócios**, v. 23, p. 1-20, 2021.

JAMES, William. **The Principles of Psychology.** New York: Henry Holt & Company, 1890.

JONES JR, George S. Salesmanship's Responsibility for the Future. **Journal of Marketing**, v. 8, n. 1, p. 75-78, 1943.

JONES, D. G. Brian; SHAW, Eric H. Avoiding academic irrelevance in the marketing discipline: the promise of the history of marketing thought. **Journal of Marketing Management**, v. 34, n. 1-2, p. 52-62, 2018.

JONES, D. G. Brian; TADAJEWSKI, Mark. **Foundations of Marketing Thought.** New York: Routledge, 2019.

JONES, D. G. Brian; TADAJEWSKI, Mark. Origins of marketing thought in Britain. **European Journal of Marketing**, v. 49, n. 7/8, p. 1016-1039, 2015.

KAPFERER, Jean-Noel. **Strategic Brand Management**. London: Kogan Page, 1992.

KELLER, Kevin Lane. Conceptualizing, Measuring and Managing Customer- Based Brand Equity. **Journal of Marketing**, v. 57, p. 1-22, 1993.

KENDALL, Henry. P. Men and Machines: a manager's interpretation. **The Annals of the American Academy**, p. 94-100, May 1930.

KIAMANESH, Parvin; HAUGE, Mona-Iren. "We are not weak, we just experience domestic violence" - Immigrant women's experiences of encounters with service providers as a result of domestic violence. **Child & Family Social Work**, v. 24, p. 301-308, 2019.

KLEIN, Naomi. **Sem Logo**: a tirania das marcas em um planeta vendido. Rio de Janeiro: Record, 2002.

KNOX, James Samuel. **Personal efficiency.** Cleveland, Ohio: The Knox Business Co., 1919.

KOCH, Christian; HARTMANN, Michael. Importance of the perceived quality of touchpoints for customer journey analysis – evidence from the B2B sector. **Electronic Consumer Research,** v. 23, p. 1.515-1.538, 2023.

KOTLER, Philip; LEVY, Sidney J. Broadening the Concept of Marketing. **Journal of Marketing**, v. 33, n. 1, p. 10-15, 1969.

KOTLER, Philip. A lifetime in Marketing: lessons learned and the way ahead. **Journal of Marketing**, 2024.

KOTLER, Philip; ARMSTRONG, Gary. **Princípios de Marketing.** Porto Alegre: Bookman Editora, 2023.

KOTLER, Philip; KELLER, Kevin Lane. **Administração de Marketing**. São Paulo: Pearson Universidades, 2019.

KUMAR, V. Evolution of Marketing as a Discipline: What Has Happened and What to Look Out For. **Journal of Marketing**, v. 79, n. 1, p. 1-9, Jan 2015.

KUPPERMAN, Karen O. **Major problems in American colonial history**: documents and essays. Boston: Houghton Mifflin, 2013.

LAIRD, Pamela Walker. How business historians can save the world – from the fallacy of the self-made success. **Business History,** v. 59, n. 8, p. 1201-1217, 2017.

LAJANTE, Mathieu; TOJIB, Dewi; TINGHING, (Ivan) Ho. When interacting with a service robot is (not) satisfying: The role of customers' need for social sharing of emotion. **Computers in Human Behavior,** v. 146, 2023.

LEVITT, Theodore. Marketing myopia. **Harvard Business Review**, v. 38, p. 45-56, 1960.

LEVITT, Theodore. The Globalization of Markets. **Harvard Business Review**, n. 63, v. 1, p. 92-102, 1983.

LEWIS, Elias Saint Elmo. **Financial Advertising, for commercial and saving banks, trust, title insurance, and safe deposit companies, investment houses.** Indianapolis: Levery Bros. & Company, 1908.

LINDSTRÖM, Veronica; STURESSON, Lars; CARLBORG, Andreas. Patients' experiences of the caring encounter with the psychiatric emergency response team in the emergency medical service - A qualitative interview study. **Health Expectations,** p. 442-44, 2020.

LOIACONO, Eleonor T.; WATSON, Richard T.; GOODHUE, Dale L. WebQual: A measure of Web Site Quality. In: **AMA – American Marketing Association**: Winter Marketing Educators' Conference, p. 432-438. Texas, 2002.

MACLARAN, Pauline. Marketing and feminism in historic perspective. **Journal of Historical Research in Marketing**, v. 4, n. 3, p. 462-469, ago 2012.

MARTINS, Carlos B. Surgimento e expansão dos cursos de administração no Brasil (1952-1983). **Ciência e Cultura**, v. 41, n. 7, p. 663-676, 1989.

MASLOW, Abraham Harold. A Theory of Human Motivation. **Psychological Review**, v. 50, p. 370-396, 1943.

MAURYA, Upendra K.; MISHRA, Prahlad. What is a Brand? A perspective on Brand Meaning. **European Journal of Business and Management,** v. 4, n. 3, p. 122-134, 2012.

MAYNARD, Harold H. Marketing courses prior to 1910. **Journal of Marketing**, v. 5, n. 4, p. 382-384, 1941.

MCCARTHY, Jerome. **Basic Marketing:** a managerial approach. Homewood: Richard. D. Irwin Inc, 1960.

MEMON, Aksha M. *et al.* The role of online social networking on deliberate self-harm and suicidality in adolescents: A systematized review of literature. **Indian Journal of Psychiatry**, v. 60, n. 4, p. 384-392, out-dez, 2018.

MIN, Wei; JIE, Xu; SHUHAO, Li; JIE, Cao. Understanding the influence of sensory advertising of tourism destinations on visit intention with a modified AIDA model. **Asia Pacific Journal of Tourism Research,** v. 27, n. 3, p. 259-273, 2022.

MISHRA, Aditya Shankar; MISHRA, Revti Raman. Marketing schools of thought and their present day relevance. **FIIB Business Review**, v. 12, n. 4, p. 351-361, 2021.

MONTAZERIBARFOROUSHI, Saba; KESHAVARZSALEH, Abolfazl; RAMSØY, Thomas Zoëga. On the hierarchy of choice: an applied neuroscience perspective on the AIDA model. **Cogent Psychology**, v. 4, n. 1, p. 1-23, 2017.

MOUTINHO, Luiz; MENEZES, Karla. **Neuromarketing: ciência, comportamento e mercado.** São Paulo: DVS Editora, 2023.

NEVETT, Terence; HOLLANDER, Stanley C. Toward a circumscription of marketing history: an editorial manifesto. **Journal of Macromarketing**, v. 14, n. 1, p. 3-7, 1994.

OLIVEIRA, Carlos Manuel de. **O marketing em Portugal:** dos anos 60 ao futuro. Prime Books, 2017.

OLIVEIRA, Daniel Max de Sousa; LUCE, Fernando Bins. Is Marketing Department Important for Companies. **RPCA,** Rio de Janeiro, v. 4, n. 3, p. 120-131, jul-set, 2020.

OLIVEIRA, Sérgio. R. G. Cinco décadas de marketing. **GV executivo**, v. 3, n. 3, p. 37-43, 2004.

PANTANO, Eleonora. Non-verbal evaluation of retail service encounters through consumers' facial expressions. **Computers in Human Behavior**, v. 111, out. 2020.

PARASURAMAN, A.; BERRY, Leonard L.; ZEITHAML, Valarie A. A conceptual model of Service Quality and its implications for future research. **Journal of Marketing**, v. 49, p. 41-50, jan. 1985.

PARASURAMAN, A.; ZEITHAML, Valarie A.; MALHOTRA, Arvind. E-S-QUAL: a multiple-item scale for assessing electronic service quality. **Journal of service research**, v. 7, n. 3, p. 213-233, 2005.

PARLOA, Maria. **Home economics:** a practical guide in every branch of housekeeping. New York: Century Co., 1898.

PESSOA, Fernando. A Essência do Comércio. 1ª Publ. in: **Revista de Comércio e Contabilidade**, v. 1, p. 7-11, Lisboa, 25 jan. 1926.

PESSOA, Fernando. **Mensagem**: Mar Português. Lisboa: Parceria A. M. Pereira, 1934. p. 25-31.

PETERSON, Arthur F. **Pharmaceutical selling, 'detailing', and sales training.** New York: McGraw-Hill Book Company, 1949.

PETTY, Ross D. Towards a Modern History of Brand Marketing: Where are We Now? **Proceedings...** CHARM Conference, 2013.

POWELL, B. **The guide to preferment or, Powell's complete book of cookery**. London: Bailey, 1771.

POWERS, Thomas L. Forgotten classics: Marketing Methods by Ralph Starr Butler (1918). **Journal of Historical Research in Marketing**, vol. 7, n. 4, p. 584-592, 2015.

PYLE, John Freeman. **Marketing Principles:** organization and policies. New York: McGraw-Hill Book Company Inc., 1931.

RAHMANI, Vahid; KORDROSTRAMI, Elika. Price sensitivity and online shopping behavior during the COVID-19 pandemic. **Journal of Consumer Marketing,** v. 40, n. 4, p. 481-492, 2023.

READ, Harlan E. **Read's lessons in salesmanship.** Chicago: J. A. Lyons & Company, 1910.

RENNIE, Alistair; PROTHEROE, Jonny; CHARRON, Claire; BREATNACH, Gerald. Decoding Decisions: making sense of the messy middle. **Think with Google,** 2020.

REPSOLD, Fernanda Capanema; HEMAIS, Marcus Wilcox. Divide in marketing between academics and practitioners. **BBR – Brazilian Business Review,** v. 15, n. 1, p. 68-87, 2018.

RICHERS, Raimar. Recordando a infância do Marketing Brasileiro – um depoimento. **Revista de Administração de Empresas,** v. 34, n. 3, p. 26-40, 1994.

SÁ, Isabel dos Guimarães. The uses of luxury: some examples from the Portuguese courts from 1480 to 1580. **Análise social,** v. XLIV, n. 192, p. 589-604, 2009.

SANGIORGI, Daniela; PRENDIVILLE, Alison (ed.). **Designing for Service:** key issues and new directions. London: Bloomsbury Academic, 2017.

SARKAR, Christian; KOTLER, Philip; FOGLIA, Enrico. **Regeneration:** the future of community in a permacrisis world. IDEA BITE PRESS, 2023.

SCHUTTE, Thomas F. The Semantics of Branding. **Journal of Marketing,** v. 33 (April), p. 5-11, 1969.

SECCHI, Leonardo. Drucker no ensino de administração: um alerta necessário. **Organizações & Sociedade,** v. 11, p. 13-23, 2004.

SHAW, Eric H.; JONES, D.G. Brian. A history of schools of marketing thought. **Marketing theory,** v. 5, n. 3, p. 239-281, 2005.

SHETH, Jagdish N.; GARDNER, David M.; GARRETT, Dennis E. **Marketing Theory: evolution and evaluation.** New York: John Wiley & Sons, 1988.

SHETH, Jagdish N.; PARVATIYAR, Atul. The Evolution of Relationship Marketing. **International Business Review**, v. 4, n. 4, p. 397-418, 1995.

SHOSTACK, Lynn. Breaking Free from Product Marketing. **Journal of Marketing**, v. 41, n. 2, p. 73, abr. 1977.

SHOSTACK, Lynn. Designing Services That Deliver. **Harvard Business Review**, v. 62, n. 1, p. 133-139, jan. 1984.

STRONG, Edward K. **The psychology of selling life insurance.** New York: Harper & Brothers Publishers, 1922.

STRONG, Edward K. Theories of Selling. **The Journal of Applied Psychology**, v. 9, n. 1, p. 75-86, 1925.

SUGATHAN, Praveen. Does Marketing Make Sales Superfluous? Revisiting Levitt and Drucker. **Academy of Marketing Studies Journal**, v. 22, n. 2, 2018.

SWILLEY, Esther; WALKER, Doug; CHILTON, Michael A. Are marketing practice and academia in sync? A look at the MSI priorities and marketing journal articles. **Journal of Marketing Theory and Practice**, v. 31, n. 1, 57-74, 2023.

VAKRATSAS, Demetrios; AMBLER, Tim. How advertising works: what do we really know? **Journal of Marketing**, v. 63, n. 1, p. 26-43, 1999.

VAN EVRIE, John. H. **Negroes and Negro "slavery"**: the first an inferior race; the latter its normal condition. New York: Van Evrie, Horton & Co., 1861.

VARADARAJAN, Rajan; DEFANTI, Mark P.; BUSCH, Paul S. Brand Portfolio, Corporate Image, and Reputation: Managing Brand Deletions. **Journal of the Academy of Marketing Science**, v. 34, p. 195-205, 2006.

WEBER, Marcel; CHATZOPOULOS, Christos G. Digital Customer Experience: The Risk of Ignoring the Non-Digital Experience. **International Journal of Industrial Engineering and Management**, v. 10, n. 3, p. 201-210, 2019.

WIJAYA, Bambang Sukma. The Development of Hierarchy of Effects Model in Advertising. **International Research Journal of Business Studies,** v. 5, n. 1, p. 73-85, 2012.

WILLIAMS, Allan P. O. **The History of UK Business and Management Education.** Emerald Group Publishing, 2010.

WINER, Russell S.; NESLIN, Scott A. (ed.). **The history of marketing science.** 2. ed. World Scientific, 2023.

WIRTZ, Jochen; LOVELOCK, Christopher. **Services Marketing:** people, technology, strategy. 9. ed. New Jersey: World Scientific, 2022.

WOOD JR, Thomaz.; PAULA, Ana Paula Paz de. Pop-management: contos de paixão, lucro e poder. **Organizações & Sociedade**, v. 9, p. 39-51, 2002.

WRIGHT, John S.; DIMSDALE, Parks B. **Pioneers in Marketing.** Atlanta: Publishing Services Division School of Business Administration, Georgia State University, 1974.

ZEITHAML, Valarie; BITNER, Mary Jo; GREMLER, Dwayne. **Marketing de Serviços:** a empresa com foco no cliente. Porto Alegre: Bookman, 2014.

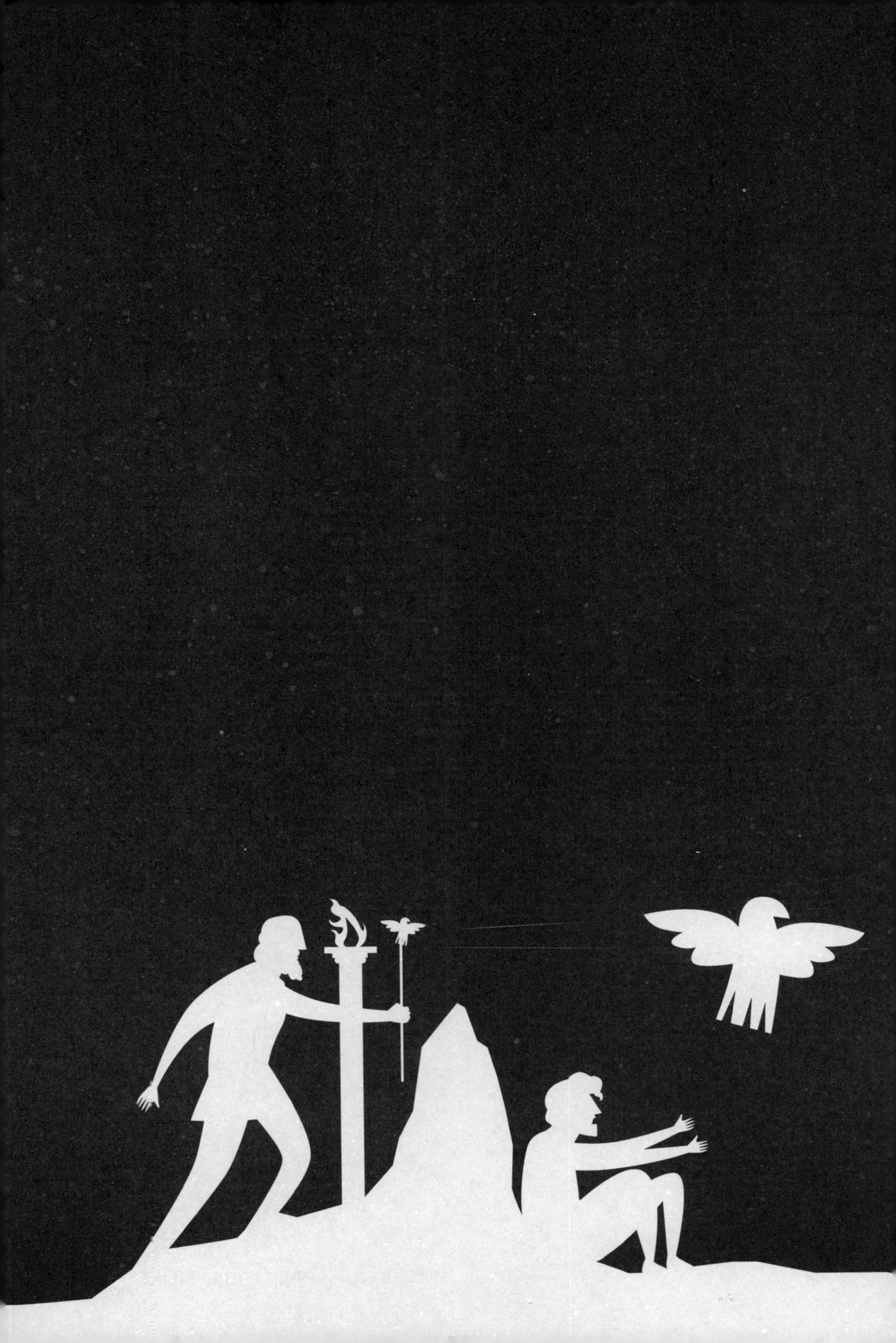